大数据营销

BIG DATA MARKETING

阳翼◎著

中国人民大学出版社

·北　京·

序　告别小时代，拥抱大数据营销新篇章

“大数据之父”维克托·迈尔-舍恩伯格（Viktor Mayer-Schönberger）认为，世界的本质就是大数据。

仔细想来，确实如此。随着大数据时代悄然来临，数据不再是一个抽象的专业名词，它已经无孔不入地渗透到我们生活的方方面面。

每当飓风来临之前，美国沃尔玛都会将手电筒和蛋挞摆在一起出售，这是因为通过对沃尔玛的多维数据分析发现，季节性飓风到来之前，手电筒和蛋挞的销量都会大幅增加，飓风、手电筒、蛋挞之间有着一种神奇的联系；利用 Merent 公司的价格调整软件，零售商可以在一小时内自动修改 200 万件商品的价格，这是基于竞争对手价格和销售额等因素的一种动态定价机制；澳大利亚数字户外广告公司 Val Morgan 通过安装在数字户外媒体上的受众测量设备来实时采集受众的信息，当测出此时的观看人为女性，后台中针对女性用户且给出最高广告费的广告将自动播放。

本书中提到的上述案例都是基于大数据的渠道、定价和广告创新。作为一本关于大数据营销的教科书，不同于以往教材中只有枯燥晦涩的理论，本书每一章节都配有生动的经典案例，范围涉及众多不同领域的领先公司，展示了诸如腾讯、IBM、沃尔玛等巨头公司在大数据营销中最具价值的应用案例。通过对这些案例的详尽分析，帮助读者更好地理解大数据营销的运作理念和方法。

那么，我们为什么要了解大数据？大数据究竟能给营销带来哪些变革？

信息技术的创新推动着思维模式的变革，大数据带来的信息风暴开启了营销模式的转型。麦肯锡全球研究院（MGI）在五年前发布的一份研究报告《大数据：创新、竞争和生产力的下一个新领域》（Big Data：The Next Frontier for Innovation，Competition，and Productivity）指出，数据已经渗透到当今每一个行业和业务职能领域，成为日益重要的生产因素；而人们对于海量数据的运用预示着新一波生产率增长和消费者盈余浪潮的到来。

对于市场营销来说，大数据可以帮助品牌发现机遇（新客户、新市场、新规律和新策略），回避风险和潜在威胁，同时也有助于品牌营销决策的调整与优化。因此，如何利用大数据技术实现更大的营销价值和效果，是值得不断思考和探索的领域。从腾讯的角度来看，理论和实践的结合已经到了新的高度，下一步是可视化、工具化，让大数据更有温度、用户体验更佳。

本书作者阳翼教授十余年来潜心于营销领域，做了大量前瞻性的研究工作，有着丰富的理论功底和实践经验。不仅在传统营销领域颇有建树，对于大数据时代的新营销也有着自己独到的见解，在广告、市场、数字营销、消费研究等方面提出了诸多很有价值的观点和洞见。

相信本书能为高校广告、营销专业的学生及相关研究人员、从业人士打开一扇洞察大数据营销的窗口，同时在变革思维方式、培养大数据思维等方面带来启迪。

郑香霖

腾讯公司副总裁、中国移动营销学会（MMA China）联席主席

2016 年 12 月

前言

早在1980年，著名未来学家阿尔文·托夫勒（Alvin Toffler）便在《第三次浪潮》一书中热情地将大数据赞颂为“第三次浪潮的华彩乐章”，但直到2009年前后，“大数据”一词才逐渐受到各行各业的高度重视。近年来，“大数据是新黄金”“大数据是新石油”的赞誉不绝于耳，大数据甚至已经上升为中、美等国的国家战略。

毫无疑义，大数据正在迅速而深刻地改变甚至颠覆一些行业，营销行业当然也在其列。对于这场变革中的企业而言，谁具备大数据分析和应用的能力，谁就更有可能在未来激烈的市场竞争中脱颖而出；而对于处在巨变中的营销人而言，在传统营销与大数据营销之间似乎有着一道不可逾越的鸿沟，如何跨越成为一道难题。

纵观国内图书市场，关于大数据营销的书籍不可谓不多，但在这其中，有的是业界人士对从业经验的零星总结，缺乏系统性和完整性；有的为了搭上大数据的便车，更是不惜挂羊头卖狗肉，将传统数据库营销的内容套上“大数据”的帽子……鉴于此，为了向营销、广告等专业的师生以及相关从业人士系统地介绍大数据营销，我和我的团队耗时近两年时间完成了这部著作。

全书共分为8章。第1章介绍了大数据的发展历程及其给各行各业带来的冲击；第2章讲述了大数据营销的体系、特点、认识误区以及发展的机遇与挑战；第3章详述了大数据的采集、存储、挖掘流程及其技术支撑；

第 4 章介绍了基于大数据消费者洞察的优势、方法与流程；第 5 至第 7 章从营销组合的角度，系统论述了如何运用大数据技术进行营销创新，具体包括产品、定价、渠道、广告、公关和促销等方面的创新策略与方法；第 8 章讲述了大数据营销的伦理问题及其治理策略。为了让读者更好地领会大数据营销各种工具和方法的运用，我们在每章前后及正文中还配有数十个鲜活的典型案例。

感谢我的研究团队成员王博、马佳莹、沈鑫、朱义正和林徐，他们高效高质地完成了本书初稿的撰写工作；感谢腾讯副总裁郑香霖先生、互动派 CEO 徐亚波博士、美国密歇根州立大学李海容教授、中国传媒大学丁俊杰教授和华东师范大学何佳讯教授对本书的热情推荐；感谢虎啸奖创始人陈徐彬先生的大力支持与帮助！

大数据营销是一个全新的领域，涉及各种算法和技术，撰写此书可谓一项极大的挑战。虽然我们秉持“工匠精神”，在全书的结构、内容和行文等各个方面力求极致，疏漏仍在所难免，不当之处还请读者不吝批评指正！

阳翼

2016 年 12 月

目　录

第3章 大数据营销流程

第4章 基于大数据的消费者洞察

第5章 大数据驱动的产品、定价与渠道创新

第6章 大数据广告：程序化购买

第7章 大数据公关与促销

第8章 大数据营销伦理

第1章

大数据与大数据资产

你的坐姿泄露了你的哪些秘密

2014年，日本先进工业技术研究所的越水重臣教授做了一项关于人的坐姿的研究。很多人质疑，一个人的坐姿能反映出什么信息。结果却真的可以。当一个人坐着的时候，他的身形、姿势和重量分布都可以数据化。越水重臣和他的工程师团队在汽车座椅下部安装总共360个压力传感器来测量人对椅子施加的压力，把人体臀部特征转化成数据，并且用0～256的数值范围对其进行量化，这样就会产生独属于每个乘坐者的精确数据。在这项实验中，这个系统能根据人体对座位的压力的差异识别出乘坐者的身份，准确率高达98%。

这项技术可以作为汽车防盗系统安装在汽车上。有了这个系统，汽车就能识别出驾驶者是不是车主；如果不是，系统会要求司机输入密码；如果司机无法准确输入密码，汽车就会自动熄火。把一个人的坐姿转化成数据后，这些数据就孕育出一些切实可行的服务和一个前景光明的产业。

第1节 大数据概述

一、大数据的定义及发展历程

信息社会所带来的影响与优势是显而易见的，随着互联网技术的发展，我们每个人都处在传播节点之上，半个多世纪以来，计算机技术全面融入社会，信息爆炸式发展已经到了引发社会变革的程度。国际数据公司（International Data Corporation，IDC）的报告显示，预计到2020年全球数据总量将超过40ZB①。量变必然引起质变，随着信息总量的不断增加，信息形态也在不断发生变化。最先经历信息爆炸的学科，如天文学和基因学，首先创造出"大数据"这一概念，云时代的到来则令大数据越来越受关注。作为一种新兴且价值巨大的资产，大数据正极大地影响着政府、经济、教育、医疗以及社会的其他各个领域，被誉为新时代的"石油"和"黄金"。

大数据（big data），是指无法在可承受的时间范围内用常规软件工具捕捉、管理和处理的数据集合，是需要新处理模式才能具有更强的洞察力、决策力和流程优化能力的海量、高增长和多样化的信息资产。在《大数据时代》一书中，舍恩伯格认为大数据不是随机样本，而是全体数据；不是精确性，而是混杂性；不是因果关系，而是相关关系。②

---

① 1ZB=1 024EB，或2^{70}个字节，相当于40万亿GB。

② 维克托·迈尔-舍恩伯格．大数据时代［M］．杭州：浙江人民出版社，2012：27-94.

尽管“大数据”这个词直到最近才受到人们的高度关注，但早在 1980 年，著名未来学家托夫勒就在其著作《第三次浪潮》中热情地将“大数据”称颂为“第三次浪潮的华彩乐章”。对大数据进行收集和分析的设想，来自全球著名的管理咨询公司——麦肯锡公司。在 2011 年 6 月发布的关于大数据的报告中，麦肯锡公司指出：“数据日益成为一种生产力，已经渗透到当今每一个行业和业务职能领域，成为日益重要的生产因素。大数据在物理学、生物学、环境生态学领域存在已有时日，近年来因为互联网和信息行业的发展而受到广泛关注……它将成为全世界下一个创新、竞争和生产率提高的前沿。”本书从政府、学界和业界等方面梳理了近年来大数据产业的发展历程（见表 1—1 和表 1—2）。

表 1—1　　政府推动大数据产业的发展

时间	事件	意义
2009 年	美国政府开放政府数据	使得从肯尼亚到英国在内的各国政府相继效仿
2010 年	德国联邦政府启动“数字德国 2015”战略	将物联网引入制造业，打造智能工厂，工厂通过网络物理系统（CPS）实现在全球互联
2011 年	我国工信部把信息处理技术作为四项关键技术创新工程之一	其中包括海量数据存储、数据挖掘、图像视频智能分析等大数据的重要组成部分
2012 年	美国政府在白宫网站发布《大数据研究和发展倡议》	这一倡议标志着大数据已经成为重要的时代特征，之后美国政府宣布将 2 亿美元投资于大数据领域，大数据技术从商业行为上升到国家科技战略
	联合国在纽约发布大数据政务白皮书	总结了各国政府如何利用大数据更好地服务和保护人民
2015 年	我国十八届五中全会通过“十三五”规划	我国将大数据作为国家级战略

表 1—2　　学界和业界推动大数据价值的发掘

时间	事件	意义
2010 年	肯尼斯·库克尔在《经济学人》上发表《数据，无所不在的数据》	从经济界到科学界，从政府部门到艺术领域，很多方面都已经感受到这种巨量信息的影响
2011 年	麦肯锡发布《大数据：创新、竞争和生产力的下一个新领域》	大数据开始备受关注，这是专业机构第一次全方位地介绍和展望大数据
2012 年	瑞士达沃斯世界经济论坛发布《大数据，大影响》	数据已经成为一种新的经济资产类别，就像货币或黄金一样
2013 年	互联网巨头纷纷发布机器学习产品，如 IBM Watson 系统、微软小冰、苹果 Siri	标志着大数据进入深层价值阶段
2015 年	计算研究（Computing Research）发布《2015 大数据市场评论》	大数据开始作为企业决策的重要支撑，在商业市场上发挥巨大价值

二、大数据的特点

学界通常用 4 个 V（即 volume，variety，value，velocity）来概括大数据的基本特征。这些特征使得大数据区别于传统的数据概念。大数据的概念与海量数据又有所差异，海量数据偏向于强调数据的量，而大数据不仅用来描述大量的数据，还进一步指出数据的发展形式、数据的快速时间特性以及数据分析、处理等的复杂程度。具体而言，大数据的基本特征包括以下几个方面：

（1）数据体量大（volume）。数据体量大是大数据的基本属性。据统计，互联网一天产生的全部内容可以制作成 1.68 亿张 DVD，一天发出 2 940亿封邮件和 200 多万个帖子……这些数据都表明，互联网时代社交网络、电子商务和移动通信已经把人类带入一个以PB乃至EB① 为单位的新时代。百度数据表明，其新首页导航每天需要提供的数据超过1.5PB，这些数据如果打印出来将超过5 000亿张A4纸。而到目前为止，人类生产的所有印刷材料的数据量为200PB②。

（2）数据类型多（variety）。类型的多样性让数据被分为结构化数据和非结构化数据。相对于以往便于存储的以文本为主的结构化数据，非结构化数据越来越多，包括网络日志、音频、视频、图片、地理位置信息等，这些多类型的数据对数据处理能力提出了更高的要求。

（3）价值密度低（value）。价值密度的高低和数据总量的大小成反比，以视频为例，一部1小时的视频，在连续不间断的监控中，有用数据可能仅有一二秒。随着互联网以及物联网的广泛应用，信息感知无处不在，信息海量，但价值密度较低。如何结合业务逻辑并通过强大的机器算法来挖掘数据价值，是大数据时代最需要解决的问题。

（4）处理速度快（velocity）。数据增长速度快，处理速度也快，时效性要求高。比如，搜索引擎要求几分钟前的新闻能够被用户查询到，个性化推荐算法要求尽可能实时完成推荐。这是大数据不同于传统数据挖掘的最显著特征。数据处理始终坚持“1秒定律”③，这样就可以快速地从各种类型的数据中获取有价值的信息。

---

① 1EB=1 024PB，或2^{60}个字节，相当于13亿中国人人手一本500页的书加起来的信息量；1PB=1 024TB，或2^{50}个字节，相当于谷歌每小时处理的数据量；1TB=1 024GB，或2^{40}个字节，美国国会图书馆所有登记的印刷图书的信息量为15TB；1GB=1 024MB，或2^{30}个字节，一部电影大概是1GB。

② 百度数据研究中心．大数据时代的无线电监测［DB/OL］．http：//data.baidu.com/.

③ “1秒定律”或者秒级定律，是指对处理速度有要求，一般要在秒级时间范围内给出分析结果，时间太长就失去价值了。

三、大数据带来的变革

大数据时代的到来给各行各业以极大的冲击，每个企业和个人都应当在大数据的浪潮下，接受大数据的洗礼，与时俱进。虽然大数据并不能生产出新的物质产品，也不能创造出新的市场需求，却能够让生产力大幅提升。大数据所带来的数字化冲击是巨大的、不可回避的，主要体现在思维、商业和管理三个方面。

1. 数字化冲击之一——思维变革

思维方式就是我们大脑活动的内在程序，是一种习惯性地思考问题和处理问题的模式。它涉及我们看待事物的角度、方式和方法，并由此对我们的行为方式产生直接的影响。大数据正在改变我们生活中的方方面面，其中最主要的就是思维方式引发思维大变革，带来所谓的“大数据思维”。

（1）相关性思维。即关注数据间的关联关系，从凡事追问“为什么”转为只关注“是什么”，相关关系比因果关系更加重要。在大数据时代，由于数据量特别巨大，以海量的形式呈现，要找出所有量与量之间的因果关系几乎不可能，因此我们不再追求小数据时代简单、直接的因果线性关系，而是关注复杂、间接的非线性相关关系。大数据时代打破了小数据时代的因果思维模式，带来了新的关联思维模式。①

（2）整体性思维。即用整体的眼光看待一切，虽然整体由部分构成，但是面对大数据，我们不能用抽样的方法只研究少量的样本，而需要对全

---

① 黄欣荣．大数据时代的思维变革［J］．重庆理工大学学报（社会科学），2014（5）：13－18.

体数据进行研究，真正做到“样本＝总体”。大数据技术也将总体论的整体落到了实处，整体不再是抽象的整体，而是可以具体操作的整体，能够真正得以体现。

（3）混杂性思维。数据量的显著增大必然会让我们付出一些代价，一些不准确的数据会混入数据库，导致结果不准确。这就是大数据时代的另一种思维——“不是精确性，而是混杂性”。对小数据而言，最重要的要求就是减少错误。而在大数据的采集中，在技术尚未达到完美无缺之前，混乱是不可避免的。虽然我们得到的信息不那么准确，但收集到数量庞大的信息令我们值得放弃严格精确的选择。

2. 数字化冲击之二——商业变革

在大数据时代，个性化将颠覆一切传统商业模式，成为未来商业发展的终极方向和新驱动力。大数据为个性化的商业应用提供了充足的养分和可持续发展的沃土。大数据时代有全息可见的消费者个体行为与偏好数据，未来的商业可以通过研究分析这些数据精准挖掘每一位消费者不同的兴趣与偏好，从而为他们提供专属的个性化产品和服务。精准营销也逐渐成为大数据时代的营销趋势。正如《纽约时报》一篇专栏文章所称，大数据时代已经来临，它为我们看待世界提供了一种全新的方法，在商业、经济和其他领域中，会有越来越多的决策是基于数据分析而非仅凭经验和直觉作出的。

3. 数字化冲击之三——管理变革

大数据时代的到来为数据在企业运营中打破时空局限提供了新思路，为“解放数据生产力”提供了新办法。海量的用户访问行为数据信息看似零散，但背后隐藏着必然的消费行为逻辑。大数据分析能获悉产品在各区域、各时间段、各消费群的库存和预售情况，进而判断市场趋势，有的放矢地刺激用户需求。我们即将面临一场变革，这是成功的企业在未来发展过程中必须面对的。大数据时代的企业不仅要掌握更多更优质的数据，还要有足够的领导力和先进的管理体系，这样才会在竞争中处于不败之地。大数据环境下，企业管理变革主要体现在以下几个方面：

（1）数据技术人才的管理。大数据时代下，数据技术人才的价值日益凸显，其中最关键、最重要的就是被《哈佛商业评论》称为21世纪最性感职业的“数据科学家”。企业数据人才必须掌握统计技术，但比统计学知识更为重要的是数据清洗和组织大型数据的能力。因为很多大数据是非结构化的数据，所以数据科学家要理解“商业语言”，帮助管理者从数据的角度来理解企业所面临的挑战。①

（2）数据跨部门的管理。传统企业虽然各部门之间彼此合作，但是数据处于相互隔绝和分离的状态。大数据时代的企业应当有一个灵活的组织架构，能够实现跨职能部门合作的最大化，管理者应当为各部门配备合适的数据处理方面的专家，同时，对IT规划和运营维护给予足够重视。有健全的企业架构才能有效地解决企业信息沟通不畅与数据孤岛的问题。

（3）基于大数据的决策管理。大数据时代下，管理者的经验和直觉所起的作用正日渐减少，商业领袖和管理者必须是那些能够从数据中发现商机、开拓市场的人，他们要掌握更多优质的数据，基于数据分析做出决策，将之转化为领导力，形成一套完整、科学的领导体系。

---

① 陈宪宇．大数据掀起的企业管理变革［J］．现代企业，2014（3）：11－12.

四、大数据的商业价值

1. 存储空间出租

企业和个人有着存储海量信息的需求，只有将数据妥善存储，才有可能进一步挖掘其潜在价值。如何利用存储能力形成商业化运营，值得关注。在互联网经济免费模式盛行的今天，无论是互联网公司还是运营商，都倾向于为个人用户免费提供云存储空间，形成使用黏性，然后通过其他增值服务进行收费。云计算是一个非常重要的商业领域，具体而言，其业务模式可以细分为针对个人的文件存储和针对企业用户的存储两大类。通过易于使用的应用程序接口（application program interface，API）①，用户可以方便地将各种数据对象放在云端，运营商像收水费、电费一样按用量收费。

2. 客户关系管理

为提高核心竞争力，企业应用相应的信息技术以及互联网技术，来协调企业与客户间在销售、传播和服务上的交互，从而改善管理方式，向客户提供创新的、个性化的客户交互和服务。其最终目标是吸引新客户、保留老客户，以及将已有客户转为忠实客户，扩大市场份额。随着市场竞争的加剧，加强差异化营销和个性化服务成为企业生存和发展的关键。大数据时代的到来给客户关系管理（customer relationship management，CRM）带来了许多新的机会和挑战。传统的 CRM 主要关注企业内部的数据，关注如何把企业内部各个业务环节中零散的客户信息收集、汇聚起

---

① 应用程序接口是一组定义、程序及协议的集合，通过这一接口可实现计算机软件之间的通信。

来；而在大数据时代，电商、社交盛行，企业不仅要关注内部数据，还要想办法把外部数据整合利用起来，形成真正意义上的大数据，从而更好地为客户服务。

3. 市场趋势预测

大数据可以广泛用于趋势预测。互联网最本质的一点就是网民展现了其最真实的想法。在网上的点击、浏览、留言、购买等直接反映了网民的性格、偏好和需求。通过对互联网上保留的大量前兆性数据的收集和整理，可以预测消费者未来的行为趋势。专业的大数据分析有助于把握消费者的心理和行为，更好地了解市场的特点和变化趋势，从而有利于企业做出更精准的营销决策。

4. 个性精准营销

如今，企业都在谋求各平台间的内容、用户、广告投放的全面打通，以期通过用户关系链的融合、网络媒体的社会化重构，为客户带来更好的精准营销效果。相应地，营销由独立的过程转变为系统性工程，而数据在营销全程中扮演的角色也必然要由参考工具转向“发动机”，数据驱动的精准营销将颠覆传统营销的决策模式及执行过程，给传统行业带来革命性的冲击。[①] 以亚马逊为例，它是利用大数据的佼佼者，公司保存每位客户搜索、购买及其他几乎所有可用的信息，通过运用算法将该客户的信息和其他所有客户的信息进行比对，为其呈现出非常精准的商品购买推荐。Facebook 的做法也同样可圈可点。在 Facebook 的定向广告及其他个性化

---

① 张玲．三大互联网企业的营销理论及创新研究——腾讯、百度、阿里巴巴［D/OL］．北京：首都经济贸易大学，2010.

推荐业务中，大数据都起着关键性的支撑作用。[①] 如果商家能根据时间和位置数据，向处在特定时间、特定地点的消费者有针对性地推送信息，那么效果会更好，转化率会更高。[②]

第 2 节 大数据资产

数据之于信息社会，就如燃料之于工业革命，是人们进行创新的力量源泉。[③] 随着信息化新时代的来临，数据创造价值的能力已经远远超过实物资产，大数据日益成为有价值的公司资产、重要的经济投入和新型商业模式的基石。大数据资产是指那些能够数据化，并且能够通过数据挖掘给企业未来经营带来经济效益的数据集合，包括数字、文字、图像、方位甚至沟通信息等。[④] 大数据时代，“一切皆可量化”成为其最重要的特征，可视化的信息都有可能成为企业的大数据资产。

一、大数据资产的特征

大数据资产具有以下特征：

(1) 虚拟性。大数据资产不具有实物形态，虽然大数据资产的形态有赖于实物载体，需要存储在有形的介质中。大数据资产依赖有形介质而存

---

① 奥尔霍斯特．大数据分析点“数”成金 [M]．王伟军，刘凯，杨光，译．北京：人民邮电出版社，2013：9-10.

② 弗兰克斯．驾驭大数据 [M]．北京：人民邮电出版社，2013：50-51.

③ 维克托·迈尔-舍恩伯格．大数据时代 [M]．杭州：浙江人民出版社，2012：230.

④ 刘玉．浅论大数据资产的确认与计量 [J]．商业会计，2014 (9)：3-4.

在，但这改变不了其虚拟性的本质特征。大数据资产的价值与存储的介质无关，因而不能将大数据资产物化成一种有形的实物资源。虚拟性也是大数据资产区别于企业实体资产的最重要特征。

(2) 长期性。大数据资产能为企业带来长期的利益，但是随着时间的推移，其价值呈逐渐衰弱的趋势。企业持有大数据资产并不是为了当期销售，而是为了在某一段时间内为自己带来经济利益。所以，大数据资产应视为一种长期资产。

(3) 可辨性。大数据资产要作为无形资产核算，该资产必须区别于其他资产，可单独确认。大数据资产源于数据的加工、挖掘，能够从企业中单独分离或划分出来，能够单独确认、计量并用于出售、转移或交换等。大数据资产的成本能够可靠测量，无论是主动还是被动取得大数据资产，企业都会消耗相应的人力、物力等相关成本。

二、大数据资产的管理

如今，越来越多的企业开始将大数据视为一种战略资源，并围绕大数据打造核心竞争力。竞争战略之父迈克尔·波特（Michael Porter）对于数据时代的观点为："智能化、物联化的产品为传统产品边界带来了几何级数的扩张机会，从而给传统企业带来颠覆性的变迁，在这种智能化的变迁中，赢得数据将会赢得产业。"①

1. 建立大数据资产整合与共享机制

目前，大数据资产主要分布于政府部门、事业单位和大型企业中。由于数据标准、数据规模不一，造成了资源不能共享。而要整合这些大数据

---

① 郑英豪．大数据资产管理体系初探［J］．新会计，2015（11）：34－37.

资产和信息资源，就需要一套完整的技术手段，将分布在不同地区以不同形式存储的不同规模的大数据资产加以整合，建立可检索系统，形成共享机制。为了方便政府、事业单位、企业了解到当前都有什么样的信息和数据，还要通过网络建立数据访问通道，建立一个分布式的数据管理和信息共享平台。

2. 建立数据安全管理平台

数据安全问题在大数据资产的共享中显得尤为重要，为了防止数据的非法访问、破坏和丢失，数据安全管理涉及不同级别用户权限的授权、数据的加密保护等方面。在具体的数据安全管理平台上，主要通过身份验证、信息鉴别、数据备份、数据加密、访问限制等来保证数据库的安全。同时，在对数据进行各种查询和处理时，要实时对数据进行在线维护。

3. 建立和完善大数据资产管理规范

为了对大数据资产进行有效的管理和开发利用，国家需制定专业的大数据资产管理规范，从数据格式、数据录入、信息发布、数据访问等方面来完善大数据资产管理机制。同时也要根据市场经济的需要，积极探索大数据资产的管理模式，以满足不同领域不同对象的数据和信息需求。

案例1—1 大数据助力中国电影行业的发展

近年来，伴随着O2O平台的流量红利，中国电影市场迎来前所未有的黄金时代，互联网的宣发能力、数据分析能力、粉丝营销能力都深刻地改变了传统电影行业，中国电影市场即将进入下一个发展阶段：大数据电影时代。大数据广泛应用于电影行业，其价值主要体现在以下几个方面。

实时票房数据平台丰富了数据源

2015年10月隶属于新闻出版广电总局专资办的实时票房数据平台上线，几乎覆盖了100%的院线，是国内唯一精准的电影票房数据来源。尽管只能做到每晚9:30更新，但已经迈出一大步，对于大数据在电影行业发挥威力具有里程碑意义。

大数据发挥作用的前提是有足够多的有价值的数据。数据越全面、更新越及时，就越有价值。之前与电影相关的数据更多是间接地（例如，采用用户搜索指数）描述电影市场；关于票房本身的数据则存在于不同的在线订票平台中，在这些平台之间数据不是互通的，所以各家有各家的数据，只能基于市场份额推测票房，实际出入会比较大。不同营销策略下，不同的电影在不同平台的票房差异非常大。

大数据成为中国电影行业的重要工具

基于与电影相关的大数据挖掘，可以发现一系列的规律，形成一系列的分析结果，给电影产业的不同环节提供决策参考，形成最终解决方案。关于电影的大数据产品至少有以下几类：

（1）票房预测。基于以往电影票房数据的规律，结合当前与电影相关的舆情、搜索等数据，可对某一部即将上映的电影进行票务预测，类似于天气预报，未卜先知。

（2）精准营销。通过用户画像数据、电影销售数据、观众习惯数据等，帮助一部电影去发现其特定的客户群，指导电影发行公司进行精准营销。贾樟柯和冯小刚的电影肯定会有不同的受众群体，首映在哪个城市哪家影院举办，平面广告贴在哪个公交车站，向谁推送衍生品广告，都将基于数据而不是经验来做决策。

(3) C2B 创作。过去都是电影创作者先有灵感再制作电影，大数据时代则是反过来，根据用户关注度去创作，尤其是在电影进入知识产权（intellectual property，IP)[①] 时代之后。一部网络小说在哪些人群中比较火，就面向这个人群制作电影，然后根据其偏好选择特定的演员，甚至为其定制一些剧情。例如，电视剧《纸牌屋》就是利用大数据的经典案例，拍什么、谁来拍、谁来演、怎么播，都根据对数千万观众的喜好的统计决定，实现了消费者对企业（customers to business，C2B)[②] 生产。有了大数据，电影在 IP 选择、剧情设计、导演和演员的选择甚至是定价上，都可以采取 C2B 模式。

(4) 电影推荐。中国电影进入前所未有的繁荣时代，同期上线的电影越来越多。该引进哪些国外影片、院线该如何排片、用户应该选择看哪部，都可基于大数据进行决策。在针对用户的电影推荐上尤其如此。电影市场是一个长尾市场，尽管少部分明星电影是大家都喜欢的，但还有一些电影是属于特定群体的，这时如何在不剧透的前提下让观众选择所喜欢的电影？过去基于媒体、基于点评的机制不一定管用，尤其是水军充斥网络的背景下，而基于大数据的电影推荐会更加靠谱。

以上这些都是电影行业基于大数据的常规应用。有了数据，相信人们会从中挖掘出更多“宝藏”，产生许多意想不到的创新应用。

大数据对于中国电影生态具有重大价值

互联网给中国电影产业插上了腾飞的翅膀，也给中国电影打好了数据基础。接下来，大数据会再一次帮助中国电影腾飞。大数据对于电影生态

① 知识产权是指基于智力的创造性活动所产生的权利。

② C2B 是电子商务模式的一种。

的不同环节都有巨大的价值。

1. 对政府：基于大数据进行科学决策

政府部门都讲究科学决策，决策的一个重要依据便是数据。电影主管部门未来会更多地利用电影大数据尤其是票房大数据去进行顶层设计，在电影进口政策等方面参考大数据分析结果，尝试利用百度电影大数据等工具。

2. 对投资者：提高资本效率，烂片将更少

电影行业进入黄金时代，自然会吸引许多资本进入。投资者选择投资哪种类型的电影、哪个创作团队、哪一个 IP，在过去都是凭感觉和经验。有了大数据之后，投资者清晰地知道哪些 IP 更受欢迎，哪些创作团队更有潜力，哪种类型的电影更迎合当下消费者的口味，进而做出更加精准的投资决策，避免因投资不当而造成损失。这对于电影行业而言无疑起到了提升资本效率的作用。尤其值得注意的是，电影投资者越来越多地来自互联网领域，BAT①、乐视等内容巨头都开始投资电影。2015 年上映的《消失的凶手》就是由乐视影业、百度糯米和淘宝电影联合投资的，它们建立了实验室，通过大数据分析做出投资决策。

3. 对创作者：不再闭门造车，知道为谁做电影

有一句话是这么说的：未来所有创意产业都是数据产业。创意原本是很感性的，如今变得更加理性，科技、数据都被应用进来。电影创作者有了大数据作为参考，知道市场和用户需要什么、喜欢什么，进而有针对性地创作，而不是闭门造车。“过去主要是考虑如何把作品内容做得更好看、更艺术化，但现在创作需要对受众群体进行研究，要考虑市场和数据。”

---

① BAT 是百度（Baidu）、阿里巴巴（Alibaba）和腾讯（Tencent）的英文首字母缩写。

中国电影导演协会会长李少红的观点印证了电影创作者拥抱大数据的趋势。电影市场是一个长尾市场，利用大数据，面向特定用户群拍好作品的概率更大。

4. 对发行方：节省每一颗子弹，快速找到观众

电影创作完成之后，要面向更多的观众放映，这是宣发环节做的事情。未来没有票房的电影不会是好电影，在专业化互联网营销手段的支持下，就连贾樟柯的《山河故人》都能拿到 3 000 万票房。过去为什么贾樟柯的电影票房不好？不是因为拍得不好，不是因为文艺片太窄众，而是没有匹配对应的受众，说白了，电影宣发没做好。有了大数据之后，电影宣发可以精准地瞄准受众，而且比过去铺天盖地做广告成本更低。

5. 对观众：省钱省时间，只看好电影

大数据帮助电影管理方更科学地决策，帮助投资者投资更好的电影，帮助创作者创作好作品，帮助发行方降低成本，最终实际上给观众带来了实惠。此外，还能基于口碑等大数据给观众更好的电影推荐，避免观众被水军误导浪费时间和金钱。总之，大数据帮助观众观赏更适合自己的好电影。

中国电影产业在 2015 年尝到了大数据的甜头，在 2016 年会更加重视大数据，将来所有的电影、电影产业各参与者都会用好大数据这一工具。继互联网之后，大数据帮助中国电影再一次腾飞，成为中国电影的“二级火箭”已成必然趋势。

资料来源：改编自罗超．大数据如何改变中国电影？［EB/OL］．（2016－03－10）［2016－12－01］．http：//www.thebigdata.cn/YingYongAnLi/29334.html.

讨论题

1. 你认为大数据对中国电影产业的发展有何积极意义？

2. 结合实际，谈谈利用大数据进行影片推荐时的优点与不足。

3. 你还知道哪些大数据电影营销的成功案例？

案例 1—2　360 手机卫士利用大数据解决 iPhone 用户受骚扰问题

困扰 iPhone 手机用户 7 年的骚扰电话问题终于得到解决，中国用户量最大的手机安全软件 360 手机卫士发布重大更新信息，向非越狱的 iPhone 手机用户提供骚扰电话识别功能（见图 1—1）。

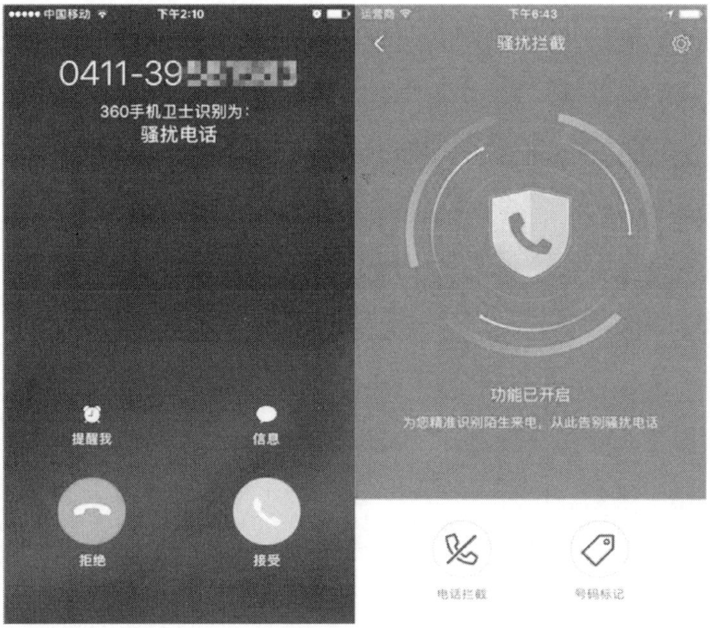

图 1—1　360 手机卫士为 iPhone 手机用户提供骚扰电话识别功能

360 手机卫士通过对海量数据的运算和精准匹配，将一组大小仅为 10KB 的数据即 1 000 个骚扰号码同步到用户手机上，打造个性化的骚扰号码数据库，这堪称 2014 年度最佳大数据应用案例。

打造十亿量级骚扰号码数据库

大数据与云计算的关系就像一枚硬币的正反面那样密不可分，通过云计算对海量数据进行挖掘和细分，目的在于把原本很难收集和使用的数据利用起来。360 互联网安全中心此前发布的手机安全报告显示，仅 2014 年前三季度，360 互联网安全中心共收录用户新标记的各类骚扰电话号码（包括 360 手机卫士自动检出的响一声电话）约 2.05 亿个；其中第三季度收录新标记骚扰电话号码约 1.22 亿个。图 1—2 显示了 360 手机卫士实时拦截骚扰电话的数据图。

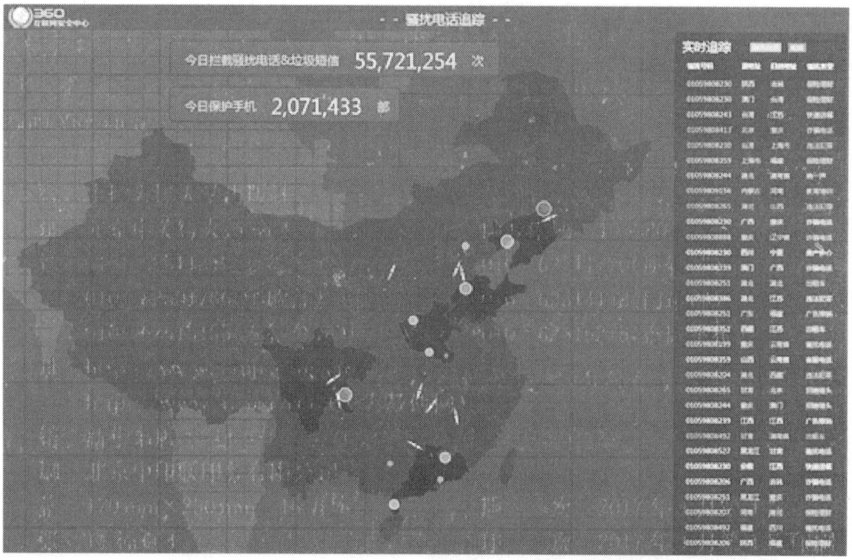

图 1—2　360 手机卫士骚扰电话攻击方向实时拦截数据图

通过不断扩充收录新的骚扰号码，360 手机卫士 5 年来已经形成了十亿级骚扰号码数据库，此外，每天处理几十亿号码请求，不断完善号码库，这也是 360 手机卫士 iOS 版用户手机上 1 000 个骚扰号码的最初来源。

200 多个标签对用户群聚类细分

个人信息泄露已经成为互联网时代的安全隐患，个人手机号码、姓名、生日等隐私被层层转卖。购房者刚买完房就接到装修公司电话，家里刚有婴儿出生就接到奶粉推销电话。如何对数十亿的骚扰号码数据进行有效处理，以更有针对性地拦截骚扰电话?

360 手机卫士综合使用几十种聚类算法、十余种身份识别以及地域识别算法，通过 200 多个标签信息对手机用户进行分类细化。例如，某个手机用户近期经常接到房产推销的骚扰电话，就会被贴上某一特定标签，进而在下发的骚扰号码数据中纳入这一类骚扰电话拨打者的号码。

此外，每天会更新骚扰号码库数据，并依据标记趋势调整骚扰号码库中各类数据的比例，也就是说，每一位 360 手机卫士用户手机中的 1 000 个骚扰号码都是动态的，随地域、身份以及骚扰趋势的变化而变化。

千台计算机集群分析秒级响应

从十亿级的骚扰号码海量数据中“提纯”出有用的 1 000 个号码，对网络架构和数据处理能力是巨大的挑战。360 手机卫士依托上千台计算机进行集群分析，分布式存储数据，在秒级时间范围内做出数据处理响应，确保 iPhone 手机用户的号码库数据实时更新。

除了智能下发骚扰号码数据外，360 手机卫士还支持 iPhone 手机用户主动标记，标记的号码会更新至手机用户自己的骚扰号码库，360 手机卫士会根据用户自己标记的号码类型优化骚扰号码库的数据比例，进一步提高拦截的精准度。

未来，大数据带来的惊喜会更多。我们也看到，大数据仍然需要不断地进行技术积累、智能学习、巧妙运用，以将优势发挥到最大。期待 360 手机卫士这样的大数据应用给我们的日常生活带来越来越多的便利和精彩。

资料来源：改编自环球网．2014 年度最佳大数据应用案例：10KB 解决 iPhone 骚扰［EB/OL］．（2014－12－08）［2016－12－01］．http：//tech. huanqiu. com/news/2014－12/5231550. html.

讨论题

1. 360 手机卫士如何利用大数据解决 iPhone 手机用户受骚扰问题？

2. 360 手机卫士利用大数据解决 iPhone 手机用户受骚扰问题有哪些成功与不足之处？

3. 结合这个案例，谈谈你对大数据作为一种资产对企业的价值的看法。

第2章

大数据营销革命

沃尔玛的数据挖掘

在数据挖掘行业中，沃尔玛的购物篮分析案例“啤酒与尿不湿”已经成为众所周知的经典案例，这其中的原因被归结为周末时爸爸负责去超市购物，他们在买尿不湿的同时也顺便犒劳一下自己，买一瓶啤酒。沃尔玛根据这个数据分析结果，将尿不湿和啤酒放在一起出售，以方便客户和提高销量。实际上，沃尔玛在整个超市的货架摆放、进货和资金周转方面，都是依据数据分析的结果作出决策的。

在大数据时代，沃尔玛为我们提供了另一个经典案例——“飓风与蛋挞”。近年来，美国部分地区受到飓风的影响。如何在飓风到来之前为公众提供最好的服务，帮助公众、政府渡过危机，是沃尔玛大数据研究的一个课题。沃尔玛将销售数据、货物数据放在一起进行分析，没有发现明显的特征，于是将更多的相关数据（如天气、周边人流量等信息）添加至用于数据分析和挖掘的数据源中，结果有了有趣的发现。

通过对多维数据进行分析，沃尔玛发现，每当季节性飓风来临之前，手电筒与蛋挞的销量会大幅增加，“飓风”“手电筒”“蛋挞”这几个词之间似乎有种神奇的联系，因而在飓风季节，手电筒和蛋挞也就成为沃尔玛货物配送、货架摆放的“风向标”。

第1节 大数据营销概述

一、什么是大数据营销

曾任谷歌首席信息官（CIO）、技术开发副总裁的道格拉斯·梅里尔（Douglas Merrill）说过："如果数据不充分，就无法得出你所认为的结论。如果有大量数据，你可能会发现之前的关联并不真实可靠。数据与比特无关，而是一种才能。"数据在当今时代越来越重要。急速膨胀的信息和大数据的商用价值正在改变现有的营销模式和企业的其他活动，大数据营销应运而生。

大数据营销是一种精准营销模式，这种营销模式和传统的数据营销模式大不相同。传统的数据营销是一种基于市场调研中的人口统计数据和其他用户主观信息（包括生活方式、价值取向等）来推测消费者的需求、购买的可能性和相应的购买力，从而帮助企业细分消费者、确立目标市场并进一步定位产品的营销模式。① 而大数据营销是通过收集、分析、执行从大数据所得的洞察结果，并以此鼓励客户参与、优化营销效果和评估内部责任的过程。②

---

① 魏伶如．大数据营销的发展现状及其前景展望［J］．现代商业，2014（15）：34－35.

② 丽莎·亚瑟．大数据营销：如何让营销更具吸引力［M］．北京：中信出版社，2014：60.

二、大数据营销在国内外的发展现状

美国的大数据研究与应用一直走在世界前列，大数据作为新兴产业得到了国家战略的支持，大数据营销已成市场主流。调查显示，在美国 400 家从事市场营销的公司中，54％的企业已投资大数据，其中 61％的投资企业获得了可观的经济回报。美国领先的数据分析公司美库尔公司专门面向企业提供成熟的数据服务，行业报告显示，某家全球排名前五的制药公司与其合作后，在半年内将销售线索增加了 63％，每条销售线索的获得成本降低了一半以上。

2014 年 1 月，欧盟委员会确定并发布了“地平线 2020”连接欧洲设施计划的 2014—2015 年工作内容。预计到 2017 年，开放数据再利用、开展创新、提高公共部门服务效率，每年带来的利润总计达 1 000 亿欧元。德国是欧盟国家中信息化程度较高的国家之一。日本 IT 行业的大数据发展处于世界领先水平，擅长将数据用于产品销售及新产品开发。①

2014 年中国大数据产业规模为 23.20 亿元，远远低于同时期的美国、日本、英国等发达国家。中国的大数据营销还处在起步阶段，具体表现为：虽然大多数的公司开始重视大数据营销，但是大数据营销的策略和方法尚处于探索之中，而过去传统的营销方法和流程的影响深远。大数据营销是一种新鲜事物，该如何开始着手并且灵活运用，好像是摸着石头过河。但是随着政府对大数据日益重视，我国大数据产业将迎来飞速发展。2015 年 9 月，国务院发布《促进大数据发展行动纲要》。预计到 2020 年，

① 刘旸．大数据是媒体转型的助推器——国外大数据政策与产业创新带来的启示［J］．电视研究，2015（4）：92－94．

我国大数据产业将达到 8 000 亿元的规模。①

2015 年 8 月，第一财经、明略数据以及秒针系统合作进行调研，撰写了大数据营销报告。该报告指出，我国大数据在营销上的应用仍处于初级阶段，主要有两个原因：一是企业自身实力不足，国外有类似沃尔玛这样除了自产数据又购买大量数据进行分析的公司，但在中国少之又少，大多数企业没有足够的财力、物力可投入到自己不太擅长的领域，因此大数据在营销上的应用开发主要来自第三方数据公司。二是国内大数据产业链还不够成熟。虽然有能将大数据服务的整个产业链都包下来做的阿里巴巴这样的公司，但它们并不愿意跟整个行业共享自己的数据，这种数据与服务的垄断会制约产业链中其他创新型公司的发展。

从猎聘网掌握的数据来看，大数据人才目前供不应求。2014 年 2 月猎聘网数据分析师的职位只有大约 250 个，但是到了 2015 年 8 月，对该职位的需求已经超过 3 000。在薪酬方面，大数据行业的薪酬水平随着时间推移要明显高于互联网其他职位。其中，一线城市如北上广深等互联网发达地区对大数据人才的需求是最旺盛的。另外，对数据分析人才需求最大的行业大多集中在互联网、金融、消费品、制药等行业。大数据营销在中国将迎来蓬勃发展，其发展前景一片大好。②

三、从传统营销到大数据营销

传统营销并非没有数据，但那些小数据与大数据相比，就好比炮弹与

---

① 赵劲平．2020 年国内大数据产业将达 8 000 亿规模［EB/OL］．（2016－03－31）［2016－12－01］．http：//tech. sina. com. cn/it/2016－03－31/doc-ifxqxcnr5092607. shtml.

② 单艺．数据分析师的 9 大挑战［EB/OL］．（2015－12－18）［2016－12－01］．http：//mp. weixin. qq. com/s?__biz＝MzA5OTI2MTMxNw＝＝&mid＝401151140&idx＝1&sn＝5e9244cceadda534cf7e0782c5ecb66c&3rd＝MzA3MDU4NTYzMw＝＝&scene＝6＃rd.

导弹。具体而言，从传统营销到大数据营销的转型与变革，主要体现在以下几个方面：

1. 从抽样调查到全样本分析

传统营销中，数据的分析建立在一定理论下的抽样和调研的基础之上，并且试图通过调查手段和技术对数据样本进行再加工，提高抽样调查的精确性。但是抽样调查有其自身的局限性，比如时效性不强、有抽样误差等。大数据的出现有效地弥补了这些缺陷。仅仅取得海量数据远不能满足当前的营销需求，大数据营销的重点在于有效利用数据，即在全样本海量数据的基础之上进行广泛的关联分析，从而获得新颖且有价值的信息。

2. 从单一属性到全方位解读

大数据营销是基于全方位分析的营销，通过掌握消费者画像实现与消费者的良性互动，预测潜在规律和变化，从而对营销策略进行调整。在传统企业数据库中，消费者的属性过于单一，主要包括年龄、性别、职业等基本属性。传统营销经过简单的单向性分析得出消费者进一步购买的可能，大数据营销则通过关注消费者的整体行为提升数据质量，从而改善营销的效果。

3. 从广泛撒网到精准营销

在传统营销中，因无法掌握消费者更全面的信息，往往把面铺得很开，这是一个广泛撒网的过程。而在大数据营销中，企业可以根据收集互联网用户的大量信息来挖掘潜在消费者，通过数据分析预测消费者行为，给产品以精确的定位，有针对性地进行营销传播活动。对于老客户，企业则可以根据收集到的购买行为数据进行分析，推断其购买偏好和倾向，从而实现一对一定制化的商品推送，提供个性化的服务，从而实现精准营销。

四、大数据营销的特征

大数据营销的特征主要有以下四个方面：

（1）多平台。大数据营销的数据来源是多方面的，多平台的数据采集使得我们对消费者的画像更加全面和准确。多平台数据采集的途径有PC互联网、移动互联网、智能电视及各种传感器等。

（2）个性化。与传统营销广泛撒网不同，企业通过大数据分析可以了解消费者身处何地、关注何种信息、喜欢什么、偏好如何，从而实现为消费者量身定制的个性化营销。

（3）时效强。以大数据营销企业泰一传媒（AdTime）为例，该公司曾制定时间营销策略，即让消费者在做购买决策的时间段内及时接收到商品广告。在移动互联网时代，消费者面对众多诱惑，其消费决策极易在短时间内发生改变。大数据营销能帮助企业及时掌握消费者的需求及其变化趋势，从而提升营销的时效性。

（4）高效率。大数据营销可以最大限度地让广告主的广告投放做到精准，还可以根据实时的效果反馈，及时对投放策略进行调整，从而最大限度地减少营销传播的浪费，实现营销的高效率。

五、大数据营销的主要应用

大数据营销包含多种应用，包括程序化购买、广告监测、广告创意优化、客户关系管理、线上线下销售、风险控制、研究与洞察、用户画像、企业内部管理、新产品研发，等等。[①] 但总的来说，大数据营销的应用主

① 众调网．2015中国大数据营销发展报告［EB/OL］．（2015－09－24）［2016－12－01］．http：//www.91survey.com/news/4505.html.

要有以下六个方面：

(1) 消费者洞察。企业可以通过分析消费者的行为数据洞察他们的购物习惯，并按照其特定的购物偏好、独特的购买倾向进行一对一的商品推送。比如，亚马逊根据用户的商品搜索记录推荐相似或互补的产品，这种基于大数据挖掘的推送，大大节约了用户在网上四处搜寻的时间，同时还能刺激消费者后续更多的消费。

(2) 产品定制化。大数据营销将消费者留下的信息数据变为财富，成为企业改善产品的一项有力根据。例如，新闻客户端“今日头条”基于数据挖掘及推荐引擎技术，根据用户的阅读偏好与习惯为用户量身定制与其兴趣相匹配的内容，因而每个用户看到的内容都是不一样的，实现了“千人千面”的个性化推荐。

(3) 推广精准化。大数据营销通过积累足够多的用户数据，分析得出用户购买的习惯与偏好，甚至做到“比用户更了解用户自己”，帮助企业筛选最有价值的用户进行产品推广。例如，《小时代》在电影预告片投放后，从微博的大数据分析得知其主要观众群为90后女性，因此后续的推广活动主要针对这些人群展开，最后获得了不俗的票房成绩。美国第二大快餐连锁公司Arby's通过大数据分析发现，90%的顾客在收看娱乐节目时会通过Twitter寻找、分享花边新闻，于是Arby's公司安排社交媒体团队观看2014年格莱美奖的颁奖仪式直播，寻找亮点并创建话题与粉丝互动。当Arby's吐槽美国流行音乐艺人法瑞尔·威廉姆斯（Pharrell Williams）的大宽檐帽时，立即引爆了网友的热烈讨论，在此过程中，Arby's公司也实现了对自己的宣传。

(4) 改善用户体验。改善用户体验，关键在于要真正了解用户对产品的使用状况与感受。例如，国外的某些汽车企业可以通过遍布全车的传感器收集车辆运行信息，在用户汽车的关键部件发生问题之前，提前向用户和4S店预警，大大保障了用户的安全，同时也改善了用户体验，使汽车品牌获得了良好的口碑。又如，某比萨饼店会在客户要求购买海鲜比萨饼时，根据客户数据中的体检记录等，向该客户推荐更符合其身体情况的小一号蔬菜比萨饼。

（5）维系客户关系。拉回放弃购物者和挽留流失的老客户也是大数据营销在商业中的应用之一。例如，外卖APP“饿了么”会根据用户的订单习惯，对有一段时间没有利用APP下单的濒临流失的用户发相关短信，以提醒并鼓励他们重新使用“饿了么”APP。又如，中国民生银行利用大数据打造了智能化的客户关系管理体系——“金融e管家平台”，这也是利用大数据维系客户关系的典型案例。

（6）发现新市场。在纳特·西尔弗（Nate Silver）的畅销书《信号与噪声》中有这样一句话：“我们选择性地忽略了最难以衡量的风险，即便这些风险对我们的生活构成了最大的威胁”，暗示预测未来是非常困难的。但是大数据营销却能让我们从容地面对未来。基于大数据的分析与预测对于企业家提前发现新市场是极大的支持。例如，腾讯游戏在前期深入分析手游市场大数据的前提下制定战略，率先领跑手游行业。大数据营销可以帮助企业找到新的发展领域，确定新的销售渠道和促销策略，发掘业务的增长点。

第2节 大数据营销体系的参与者

大数据营销体系的参与者来自各行各业、各个领域，其中媒体、数据服务公司以及数字广告代理商是构成大数据营销体系必不可少的力量。

一、媒体：大数据产生的起因

有学者认为媒体、广告主、受众三者共同造就了大数据营销，大数据是存留在互联网上的数据，受众是产生数据的源头，而媒体是受众产生数据的起因，广告主则利用受众产生的数据并通过媒体再传递给受众。媒体在大数据营销体系中占有重要的一席之地。互联网时代，受众在接触数字媒体时都会留下数据，透过这些数据，受众的行为可以被监测，媒体从受众留下的数据中得到反馈，以此来优化自身内容、产品与服务，在大数据营销体系中生存。例如，在社交媒体（如微博）上搜索某部电影，当你浏览相关内容或转发分享时，你的这些行为产生的数据会反映你的态度。正是通过对海量的这类数据进行分析，才有了《纸牌屋》的成功，以及《小时代》系列电影的票房大卖。2013 年，谷歌公布的电影票房预测模型走红，该模型能够提前一个月预测电影上映首周的票房收入，准确度高达 94%。预测指标主要包括电影的搜索量、预告片的搜索量、档期特征、同系列电影之前的票房等，这也是数据分析在电影媒体行业的体现。同样，媒体也可以利用自己积累的数据建立数据库，和其他行业协作。

二、数据服务公司：大数据营销落地的关键

2013 年 3 月 1 日，市场调研机构 IDC 发布《大数据，更大的数字身影，最大增长在远东》。该报告显示，尽管个人和机器每天产生大量数据，使数字世界前所未有地不断膨胀，但仅有 0.4%的全球数据得到了分析。在大数据营销中，数据的分析至关重要，这也催生了相关数据服务公司。尼尔森网联媒介数据服务有限公司（Nielsen-CCData）是国外知名的数据服务公司之一，该公司拥有全球首创的专利技术——海量样本收视率监测

的技术解决方案，能够成功应对电视数字化带来的频道数量激增和增值业务丰富导致的收视测量难题，为客户提供更准确、更安全的海量样本收视率数据。国内新生的北京腾云天下科技有限公司（TalkingData）成立于2011年9月，是独立第三方移动数据服务平台的代表，其服务内容从基本的数据统计，到后来的数据分析与挖掘，由浅入深，把大数据的作用发挥得淋漓尽致，可以为移动互联网企业提供全方位的大数据解决方案。数据服务公司让利用海量数据实现新的营销模式成为可能。

三、数字广告代理商：提升营销效果的主体

对于大数据营销中的数字广告代理商来说，需要做到以多样化的手段追踪广告效果，利用大数据分析各家媒体的价值，判断通过何种渠道为企业投放广告，从而优化广告营销服务。国内知名的数字广告代理商有传漾科技和易传媒等。传漾科技目前已经拥有超过1 000家优质媒体资源，以及超过9亿的独立cookie，海量数据覆盖中国主流网民，并通过多维分析定向、精准地锁定目标和潜在受众，以视频广告和富媒体广告等形式实现品牌广告的精准投放。截至2014年12月，易传媒已经为2 300多个品牌成功实施了14 000多个广告项目。2015年1月，阿里巴巴集团宣布战略投资并控股易传媒，基于阿里的大数据，易传媒如今可以打造更多的独家产品，如跨屏数据管理和媒介应用等。2015年3月，易传媒发布了企业级大数据平台DataOS，2015年5月的数据显示，DataOS日均管理请求量达110亿，每日新增数据存储量达5T，同时覆盖了阿里日均活跃UV 1亿以上。[①] 2015年6月23日，阿里妈妈总裁俞永福通过内部邮件宣布正式与易

---

① 比特网．易传媒：用大数据实现营销人的梦想［EB/OL］（2015-05-12）［2016-12-01］．http：//net.chinabyte.com/41/13383541.shtml.

传媒合并。

第3节 大数据营销的科学化

一、聚焦数据，提升营销流程的科学性

大数据时代的营销创新旨在建立以大数据挖掘、分析和应用为基础的营销创新路径、方法与模式。它使得企业营销活动从决策到实施的各个环节更加精准与可控。在大数据营销时代，广告主完全以受众为导向进行营销传播，因为大数据技术可让他们知晓目标受众身处何地，看着哪块屏幕，关注哪些内容。大数据技术可以做到当不同用户关注同一媒体的相同界面时，广告内容有所区别，实现对消费者的个性化营销。与传统广告“一半广告费被浪费掉”相比，大数据营销可以最大限度地让企业的营销活动有的放矢，并且可以根据实时的效果监测，及时对营销策略做出调整，使营销流程的科学性大大提升。

二、强调洞察，增强营销决策的预见性

企业营销活动成败的关键在于能否对目标消费者进行精准的洞察，只有积累足够多的消费者数据，才能准确描绘其消费偏好与购买习惯，这是大数据营销的前提与出发点。大数据带来的是一场营销革命，庞大的数据资源使得营销开启了量化的进程，而运用数据驱动决策是大数据营销的重要特征。大数据营销通过增强数据化的洞察力，从海量数据的分析和挖掘中窥得市场总体与消费者行为的现状与趋势，从而帮助企业增强营销决策

的预见性。

三、重视创新，实现营销活动的人性化

大数据的来源通常是多样化的。多平台的数据采集使得对消费者特征的刻画更加全面准确。从消费者的各种网上行为可以判断他们最近在关心什么、购买什么，信息是否与企业相关，从而筛选出重点的目标消费者，并为其提供人性化的售前、售中与售后服务。在传统营销中，一些企业往往以利润为导向，忽略客户消费体验等重要反馈信息，因此产品与服务的质量不能按照消费者的意愿进行完善；而在大数据营销的新环境下，消费者行为得以量化，对消费者体验也能够进行实时有效的评估，他们的每一次体验和反馈都可以用于产品改进和服务提升，营销活动因而变得更加人性化。

第4节 大数据营销的认识误区

前文中提到了大数据营销的众多优势，但需要指出的是，大数据营销也不是无所不能的。有的人能够理性地看待大数据营销，但也有人会对大数据营销理解不当，产生错误认识。总体而言，对于大数据营销目前主要存在以下四个认识误区。

误区一：大数据是包治百病的灵丹妙药

大数据可以帮助企业更好地制定营销战略和策略，但它并不是包治百

病的灵丹妙药，而是有局限性的。

亨利·福特曾经说过：“如果我问顾客想要什么，他们一定会告诉我——一匹更快的马。”史蒂夫·乔布斯也说过：“有些人说，‘给顾客他们想要的东西’，但这不是我的做法，我的任务是在人们还没有做之前，确定他们将会做什么。”

完全依赖大数据会落入通过后视镜驱动品牌这一陷阱，这意味着企业依靠过去的信息来指导未来的营销战略，这是很危险的，因为它们从来没有向前看，而总是往后看。[①] 具有战略眼光的企业应当在充分利用大数据的同时，始终保持先人一步的创新远见，唯有如此，企业才能在行业竞争中保持领先的地位。

误区二：大数据营销思维与应用之间存在鸿沟

技术水平有限导致许多企业心有余而力不足，空有大数据营销的思维，谈起大数据营销来眉飞色舞，但在面对大数据营销的应用时却愁容满面。这是因为大数据营销的流程包含产生数据、聚集数据、分析数据和利用数据四个步骤，不仅要有数据，而且要有分析数据的技术。例如戴尔的 Statistica Big Data Analytics，这是一种先进的数据内容挖掘和分析解决方案，可以在几分钟内汇集自然语言处理、机器学习、高级搜索和可视化功能，帮助各种规模的企业更有效地处理数据。

另外，大数据营销思维与应用之间存在差距，大数据营销并不是纸上谈兵，很多环节要到实践中去学习与提高。以 ZARA 和 H&M 公司为例进行比较。ZARA 公司通过全球咨询网来收集顾客意见和建议，把这些信息

① 尼克·约翰逊．新营销，新模式：15 家全球顶级企业如何应对营销新变革［M］．北京：中信出版社，2016：163－164.

汇总到设计部门，然后由设计部门来进行设计，整个流程十分通畅高效，获得了较好的营销效果。而H&M公司对大数据营销也投入了极大的热情，但获得的反馈却很一般。这是因为虽然H&M也利用了所收集的各区域市场的顾客意见，但由于H&M的产地分布在亚洲及中南美洲各地，增大了生产和经营环节适应大数据决策的时间成本，而H&M又没有采用有效措施缩短跨国沟通的时间，最终无法立即改善设计和营销策略。

误区三：大数据应用必然带来效率的提升和成本的下降

在我们的印象里，大数据营销似乎与高效率、低成本画上了等号，但事实并非如此。

首先，大数据营销基于大数据分析，而数据分析的准确性是利用大数据的关键。海量的数据大到一定程度后面临着准确度的问题。事实上，大数据分析和预测失败的例子不少，其中比较经典的案例便是谷歌对流感趋势的预测由成功转向失败。

2008年，谷歌第一次预测流感取得了很好的效果，比美国疾病预防控制中心提前两个星期预测到流感的爆发。但是，几年之后，谷歌的预测数据比美国疾病防控中心监测的实际情况高出了50%。尽管谷歌不断调整算法，但仍不能保证结果的准确性。事后发现是数据源出现了问题，因为2008年谷歌预测的成功引来很多网友在网上搜索相关关键词，而谷歌的预测恰恰是基于搜索引擎上的关键词来作出的，关键词的增多导致不能真实反映流感趋势，但它们同样被计算在内，这就造成了结果的严重偏差。所以我们不能太过迷信大数据，如果像谷歌的例子那样，数据源发生了偏差，得到的分析结果往往是不准确的，拿来指导营销实践，不但不能提高效率和降低成本，反而会浪费时间和金钱。况且目前国内仍缺乏开放数据平台，很多数据还无法获得，因此难以实现真正的大数据挖掘和分析，能够得到的部分数据往往不能真实地反映整体。

另外，对海量数据中有价值数据的甄别也关系到大数据应用的效率。很多企业以为拿到数据就万事大吉了，却不知道如何去粗取精，不知道什么数据才是有价值和重要的。当企业花费了大量精力去收集互联网用户产生的日常信息，对他们的所有信息进行分析后，得出的几种消费趋势却都是失败的。企业会发现这是因为所获得的信息中有大量具有迷惑性的冗杂信息，许多和消费无关，因此分析结果也没有太大的价值，如果按照这种分析结果去制定和实施营销战略与策略，难免竹篮打水一场空。

误区四：大数据服务商是万能的

这个误区的出现是因为有一大批不懂大数据，但又想搭上大数据这辆快车的企业。这类企业的一大特征就是认为大数据服务商是万能的，“找到大数据服务商就能解决一切大数据难题，自己对大数据的运作不太懂也没有关系。如果我对大数据都了解了，那还需要大数据服务商干什么?”其实这种观念是错误的，当大数据服务商和该类企业进行沟通时，会出现许多矛盾。事实上，大数据营销项目的建设与实施，是大数据服务商和企业共同努力的结果。企业只有成为学习型组织，对大数据的应用有热情与能力，才会领悟到大数据营销的魅力。在大数据营销项目中，企业参与越多，收获越多。牵头的高层领导和具体的对口部门能对大数据营销流程从一无所知到知之甚多，乃至了如指掌，参与项目的员工在实践过程中能逐渐成为获取和分析企业数据的能手。

因此，当一个大数据营销项目失败时，企业与其指责大数据营销是泡沫，不如去反思一下这个项目的实施过程中企业自身的失误。如今大数据服务商和企业的合作越来越多，双方只有充分地交流与协作才能实现共赢。

第5节 大数据营销的发展趋势

一、不同数据库之间的整合与协同

随着信息技术的不断发展，单一企业所拥有的碎片化的消费者信息早已不能满足市场对数据量和多样性的需求。基于全样本数据的大数据营销将呈现更加精准有效的用户数据挖掘，更加全方位、立体地展示消费者的爱好、习惯、个性及潜在的商业价值。虽然我们仍然处于数据碎片化时代转向数据整合时代的过渡期，但随着技术的发展，未来跨媒体、跨渠道、跨终端的全面打通将使信息得以多维度重组。通过企业内外不同数据库之间的有效整合、协同与联动，实现消费者信息全方位、多角度的反馈与融合，将是未来大数据营销发展的关键和基础。①

二、场景成为大数据营销的着力点

大数据营销不仅要找到合适的消费者，还要选取合适的时间及地点，这就使场景化成为大数据营销未来发展的新的着力点。场景营销的基本流程就是先找到合适的人，再根据消费者所属群体和消费习惯决定用什么样

① 魏伶如．大数据营销的发展现状及其前景展望［J］．市场营销，2014（5）：34－35.

的信息内容，然后根据消费者所处的环境来决定什么样的触点[①]有效。实施场景营销需要大数据的支撑，需要多渠道地了解用户，然后通过挖掘场景、客户分群，对触点进行把控，做到针对不同的消费者在最适合的情境下给他推送最合适的商品和服务。[②]

三、通过效果监测实时优化策略

完整的营销活动涵盖前期的准备、中期的投入以及后期的监测，但对于很多中小型企业而言，后期监测的时间成本以及资金成本都比较大，所以，效果监测环节往往被企业忽视。但随着大数据营销不断发展，实时效果监测将成为常态。大数据挖掘技术的改善与提高使营销效果的监测成本大大减少，而每一次营销活动无论成功与否，通过效果监测都可以找到其中的原因，从而改进其中的不足，尽快拿出解决方案以提高效率、减少损失。

第6节 大数据营销的机遇与挑战

一、机遇

1. 营销活动更加精准

传统的广告大多采用广撒网的投放模式，这样的模式既造成大量广告

---

① 触点就是客户在与组织发生联系的过程中的一切沟通与互动点，包括人与人的互动点、人与物理环境的互动点等。

② 中国经济网．场景化的大数据营销是未来发展的趋势［DB/OL］．(2016-02-22)［2016-12-01］．http：//www.ce.cn/culture/gd/201602/22/t20160222_8982453.shtml.

费的浪费，也使营销效果得不到保障。我们在面对互联网上海量媒体资源的同时，广告主的需求也发生了翻天覆地的变化。企业通过对大数据的收集与整合利用，对消费者需求的分析，找到目标受众，然后对广告投放的具体内容进行调配，完善整个投放过程，使得营销活动更加精准有效。大数据的应用令营销更精准地体现在三个方面：一是精准定制产品，通过对大数据的分析，企业可以了解消费者需求，进而为其定制个性化产品；二是精准推送信息，避免向用户发送不相干的信息造成用户反感；三是精准推荐服务，通过对用户现有的浏览、搜索及地理位置数据的分析，了解其当下的需求，实时为其推荐贴心的服务。

2. 营销活动更加个性化

营销的最终目的就是要准确了解每一位潜在消费者或现实客户的需求，并为其提供满意的产品和服务以使利润最大化。而大数据就具备这方面的优势，企业可以从海量的数据中提取出消费者的个性、爱好、价值观、生活方式及消费特征，使得整个营销活动更具个性化，这也是大数据给传统营销变革与发展带来的一大机遇。

3. 营销活动更加可测

大数据是一场技术性的革命，海量数据资源使得营销管理开启量化的进程，而运用数据进行决策是大数据背景下营销模式转变的一个重要特征。未来企业的竞争将是数据的竞争，谁能更充分地挖掘潜在客户的数据信息，谁就更有机会取胜。在一切皆可量化的时代，消费者数据将会以cookie等形式被记录下来，有了这些数据便可以预测消费者行为及市场未来的发展趋势，使得营销活动更加可测，这是大数据给营销升级带来的另一大机遇。

二、挑战

1. 数据质量难以保证

从海量数据中提取出隐含在其中的有价值的信息是十分复杂的，是一个“大浪淘沙”的过程，通常包括数据理解、数据收集、数据整理、数据建模、数据评估等多个阶段。大数据的“大”是指全体样本，而非单指数据量大。在庞杂的数据中充斥着大量无效的干扰性数据，如何去粗取精、去伪存真是大数据给营销变革带来的挑战之一。

2. 大数据人才缺乏

除了数据质量问题之外，大数据人才缺乏也是大数据营销发展的短板所在。截至 2015 年，全球新增 440 万个与大数据相关的工作岗位，这些岗位需要的是复合型人才，能够掌握数学、统计学、机器学习和自然语言处理等多方面的综合性知识。这就需要从国家层面将大数据产业发展以及人才培养提到一个战略高度。

3. 数据管理复杂化

大数据的一个重要特征就在于其复杂性，包括数据量大和来源广泛两个方面。大数据的快速增长对存储空间、数据压缩技术、能源消耗提出严峻的挑战。如何更好地管理和利用大数据资源已成为业界普遍关注的问题，数据管理方式上的变革正在酝酿。

4. 隐私问题日益凸显

互联网时代，在线活动与在线交易不断增多，用户数据与隐私泄露事件时有发生，网络安全威胁更为严峻。数据挖掘一方面可以被企业有效利用，增强营销活动的精准度，提升营销效率；但另一方面，如果大数据缺乏有效监管，用户数据被不法分子得到，将会带来严重的危害与财产损失。因此，大数据营销伦理及法制问题不容忽视。

案例2—1　IBM世界杯大数据营销

作为全球领先的IT企业，IBM品牌广为人知，但普通消费者对其大数据业务的认知度较低。如何将大数据这一抽象的概念用生动有趣的形式展现，让广大用户认知并理解IBM的大数据业务？如何向他们展示IBM大数据业务的魅力和作用，提升IBM大数据及分析业务的认知度？如何形成IBM大数据业务合作实际范例，向潜在的业务合作伙伴决策者展现IBM大数据业务的价值，让他们增强合作信心？

营销目标

(1) 向广大用户展现IBM大数据业务的魅力和作用，提升IBM大数据及分析业务的认知度。

(2) 形成IBM大数据业务合作实际范例，并向潜在的业务合作伙伴决策者展现IBM大数据业务的价值，让他们增强合作信心。

(3) 设立关键绩效指标（key performance indicators，KPI）①，提升IBM大数据业务认知水平。

营销洞察

(1) 大事件令网民舆论爆发，产生海量数据，是大数据应用的最佳舞台。

---

① 关键绩效指标，又称主要绩效指标、重要绩效指标、绩效评核指标等，是衡量管理工作成效最重要的指标。

（2）世界杯作为四年一度的顶级体育赛事，受到中国网民高度关注，引发网民在社交平台抒发情感、表达观点，每天都有超过 1.2 亿人在社交媒体发声。大量社交舆论数据的产生，为 IBM 大数据系统创造了丰富的分析素材，同时也为 IBM 大数据业务被更多用户知晓提供了时机。大数据能将世界杯球迷的情绪和性格清晰呈现，让 IBM 有更多的了解。

（3）IBM 携手腾讯，首次将大数据分析融入大型体育赛事报道。IBM 运用文本分析和心理语言学技术，实时抓取和分析世界杯期间社交媒体数据，再由腾讯从数据结论中挖掘选题，包装生成多样化内容，为用户奉献更多维、更精彩的报道。

执行过程

腾讯联手 IBM 开展战略级合作，成立世界杯项目联合团队，负责项目的执行。

（1）腾讯基于 Mind Lab 的数据积累及丰富的报道经验，分析预判本届赛事用户关注的热点，提出 3 个维度 120 个热点关键词。

（2）IBM 为腾讯世界杯报道定制大数据分析系统，依据其对舆情的智能文本数据挖掘和关联性分析，结合心理语言学模型，获得用户关注热点背后的洞察，构建球迷画像。

（3）腾讯每天依据洞察形成报道选题，再将有趣味的洞察转化成可视化内容，从而为用户奉献更精彩的世界杯报道。

媒体策略

将大数据与实时支持率呈现、赛事图文报道、娱乐视频栏目及数据图解析专题融合，针对“资深球迷”和“围观用户”等不同人群的偏好，提供适合不同用户的内容。

（1）每一刻，球迷通过社交媒体为自己喜爱的球队呐喊，在腾讯流量最大的 64 场比赛专题页面，实时呈现对战双方支持率——德国队的支持率一路飙升，最终超越东道主巴西队，成为人气冠军（见图 2—1）。

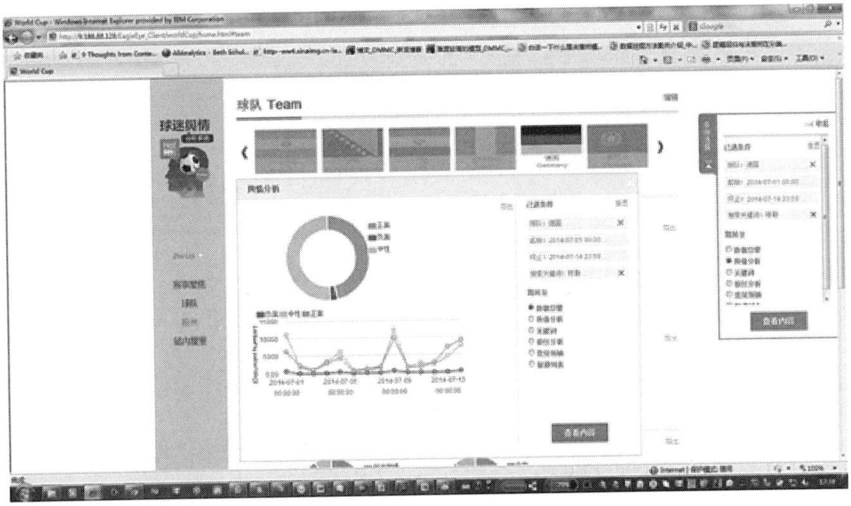

图 2—1 球迷通过社交媒体为自己喜爱的球队呐喊

（2）每一天，都有一篇赛事报道融入社交媒体大数据的热点和洞察，都会提供 32 篇更吸引用户的图文内容——阿根廷在本届世界杯上成功超越意大利、西班牙，成为女性球迷最关注的球队。

（3）每一周，都会通过视频栏目《飞鱼球迷秀》盘点一周的焦点话题，八卦趣味解读世界杯——究竟谁才是女性球迷眼中的男神？C 罗不出意外获得殊荣。

（4）对于每一位最受关注的球星，描绘其球迷性格画像（见图 2—2），结合两期《算数》栏目，数读世界杯。所有内容合作中，均突出呈现数据分析来自 IBM，潜移默化中提升用户对大数据业务的认知。

图 2—2　描绘球迷性格画像

创新价值点

合作报道内容的表现超乎寻常：

（1）64 场比赛实时支持率总曝光 252 968 153 次，所在专题页面较其他同级页面流量平均提升 50%以上。

（2）32 篇社交数据分析报道总曝光 3 244 608 次，较其他报道文章平均阅读量提升 130%以上，其中移动端阅读量占比 94.5%。

（3）4 期《飞鱼球迷秀》总播放量 31 485 000 次，较该栏目同期平均播放量提升近 140%。

（4）《算数》栏目合作单期浏览量 1 291 102 次，较栏目平均浏览量提升 60%以上。

（5）内容集合 Minisite 总曝光 801 584 次，Minisite 中的广告通栏点击率是 IBM 常规广告均值的 20 倍。

（6）项目期间投放的所有广告的平均点击率，是 IBM 常规广告均值的

12倍。

尼尔森品牌调研显示 IBM 大数据认知度明显提升，达到 KPI：

（1）82.8%的访问用户对 IBM 大数据相关内容产生记忆。

（2）92.7%的用户认为大数据相关内容对其多维度了解本届世界杯提供了帮助，并有 94.9%的用户表示会持续关注大数据相关报道内容。

（3）IBM 品牌整体认知度提升 22.8%，大数据及分析业务认知度提升 29.9%。

（4）to B 价值凸显，触及核心目标群体：项目推广期间，30 个 to B 潜在用户通过各种方式咨询并表达合作意向，成为 IBM 大数据业务线索。在 IBM to B 业务以往的广告投放中，从未获得如此多的业务线索。

资料来源：改编自梅花网．Mawards2014 最佳数据库营销创新奖：IBM 世界杯大数据营销［EB/OL］．（2014－12－02）［2016－12－01］. http：//www.meihua.info/a/62263.

讨论题

1. IBM 是如何通过大数据在世界杯期间实现营销目标的？

2. IBM 在世界杯期间的大数据营销有何创新之处？

3. IBM 与世界杯赛事之间存在哪些内在关联，成为其实施大数据营销的基础？

案例 2—2 爱您所爱：方太“双十一”推广活动

每年“双十一”购物节，各个品牌都明争暗斗。家电作为耐用品，消费者在选择时考虑的因素较多。

2015年11月，方太运用互动通程序化购买平台hdtDXP，开展“双十一”“爱您所爱，万众期待”感恩回馈活动网络推广，为方太天猫旗舰店活动预热并引流，帮助方太在2015年“双十一”取得不俗的销售业绩。

此次营销活动的传播目标有两个：首先，在优质网络媒体上宣传方太的品牌形象和产品信息，加大品牌曝光度，巩固市场地位；其次，通过优质创意吸引受众关注方太的相关产品信息，进行“双十一”活动预热，并实现电商引流，最终提升“双十一”方太天猫旗舰店的销量。该营销活动的执行过程分为前期、中期、后期三个阶段。

前期

1. 筛选目标人群

通过前期的cookie收集、分析受众网络行为轨迹，借助hdtDMP人群数据库，互动通将方太的“双十一”目标锁定为25～50岁、有购买厨电需求的潜在人群。他们热爱生活，有一定的经济实力，品牌意识较强，追求高品质的生活，向往舒适健康的生活环境，关注自己和家人的安全与健康，乐于享受生活，同时，习惯使用网络获取信息、查看商品和购物。hdtDXP根据受众特性，在hdtDMP人群数据库中找到家居、高端消费、奢侈品、厨电等兴趣标签目标受众进行广告曝光。

2. 投放广告

通过丰富的富媒体创意及PC端和手机端优质媒体，向核心人群投放方太天猫旗舰店“双十一”的感恩优惠信息，吸引用户点击参与广告活动。在PC端平台的广告投放上，选择与受众息息相关的新闻门户、财经、汽车、时尚、旅游、生活社区等媒体；在手机端选择受众使用频繁的新闻综合、生活工具、休闲娱乐、在线视频等APP进行活动信息投放（见图

2—3)。通过高质量的网站媒体，有效触及目标受众。

图 2—3 手机端横幅广告

此次营销活动采取创意广告形式，通过扩展、视窗等丰富多元的富媒体传播方式，展示方太热销爆款，并宣传方太“双十一”期间的感恩优惠活动，吸引目标受众的眼球。

中期：实时优化

本次投放是 8:30—23:00 时段的定向投放，监测显示，午休时段即 13:00 左右广告点击率最高，所以后期 PC 端调整投放策略，契合受众的网络习惯，加强此时段方太“双十一”活动在新闻门户和生活社区等网站上的曝光度，保证广告投放的广泛性和有效性，广告点击率在“双十一”当天达到峰值。手机端配合 PC 端同步投放。

后期：实现目标受众引流

吸引受众参与活动，点击链接至方太天猫旗舰店，展示方太“双十一”期间的热销爆款信息，使受众在浏览中产生购买兴趣。同时展示热销 TOP 榜的明星产品狂欢价格，让目标消费者感受到方太品牌感恩回馈活动的力度，促进购买。

此次营销活动的投放周期为 2015 年 11 月 7 日—11 月 12 日，PC 端曝光量 1 400 多万次，点击量 28 万次，大幅超过行业均值；移动端点击量 10 多万次，点击完成率高达 118.91%，广告实现超额投放并得到受众的高度关注。

方太天猫旗舰店“双十一”当日销售额达到 1.48 亿元，同比增长 70%。权威交易指数排行显示，方太天猫旗舰店在大家电行业销售额排名第八，在厨电行业排名第一。不仅在销售额上创出新高，在网购综合评价、流量转化率等方面也远超行业平均水平。

资料来源：改编自中国广告．方太天猫“双十一”引流互联网推广案例——“爱您所爱，万众期待”［EB/OL］．(2016-01-28)［2016-12-01］．http：//www.adcn.net/read/5058.html.

思考题

1. 互动通是如何为方太锁定目标受众的？

2. 在运用大数据技术找到目标受众后，方太的广告投放策略是怎样的？

3. 如何对广告效果进行实时优化？

第3章

大数据营销流程

互联网电影的智能推荐系统

随着信息技术的发展，视频内容充斥整个网络。视频网站上存有大量的影片，如果用户通过翻页的方式来寻找自己想看的电影，可能会感到疲劳甚至放弃观看。虽然很多视频网站都有搜索引擎可供用户直接搜索目标电影，但这类搜索是针对有明确目标的用户，对于无明确观看目标的用户来说，急需一种能让用户发现自己所喜欢内容的方法，让电影内容能够展现在对它感兴趣的用户面前，从而实现内容提供商和用户的双赢。推荐系统通过分析用户对电影的评分行为，对用户兴趣建模，从而预测用户的兴趣并给用户进行推荐。

互联网电影推荐系统运用数据挖掘的方法实现对用户行为的分析，把合适的电影内容推荐给喜欢它的用户。智能推荐系统是数据挖掘的一个重要应用，在网络中已经有很多应用的范例，网络视频的崛起为这一技术提供了新的应用领域。

近年来，以 Netflix 为代表的视频提供商纷纷实现了个性化智能推荐功能，Netflix 60%的内容通过推荐获取。优酷土豆、爱奇艺、乐视、腾讯视频等视频提供商都不同程度地实现了个性化推荐。

大数据营销的流程是指在合适工具的辅助下，对海量的不同结构的数据进行采集和处理，并按照一定的方式进行存储，最后利用合适的模型对存储的数据进行分析与挖掘，以对营销战略和策略的制定与实施进行全方位的指导。

第1节 大数据的采集与存储

一、大数据的采集

如果将大数据比喻成深埋在地下的石油，那么对大数据的采集就相当于发现原油的过程，它是企业进行大数据分析和商业洞察的基础，也是大数据营销流程中重要的一环，其核心是实现与用户的互联。用户是大数据最重要的来源，也是大数据营销服务的终点。因此，收集一切与用户相关的数据是成功进行大数据营销的前提。

1. 大数据的来源

按照数据产生的主体来划分，大数据主要来源于四个方面：

（1）政府。在社会高度信息化与数据化的今天，政府作为城市管理与民生服务的主体，拥有大量的高质量数据资源，这些数据一般来自行政记录。行政记录数据是政府部门在行使其行政管理职能过程中，通过审批、注册登记等记录的大量信息数据，包括个人信息记录数据、政府机构信息记录数据、自然和资源记录数据等，由政府统计部门进行采集和整理。这些数据是各职能部门为自身行政管理需要，通过信息化手段建立开发信息管理系统，以标准数据库形式存储的。数据质量相对较高，连续性较好，数据的标准化程度也较高。[①] 但是，由于政府在数据获取中处于特殊地位，

① 姜澍．大数据时代下的政府统计［J］．调研世界，2014（4）：62－64.

它们在数据使用上往往效率较低，而私营部门和社会对数据的利用比政府更具创新性①，因此，政府数据的开放是大势所趋。

（2）企业。企业的数据一般来自其生产经营管理过程的信息记录及商业交易的数据记录，如企业资源计划（enterprise resource planning，ERP）、客户关系管理（customer relationship management，CRM）、供应链管理（supply chain management，SCM）、办公自动化（office automation，OA）等各种企业应用软件带来的数据。这些数据具有及时、丰富和多样的优点。随着电子商务的不断发展，采用在线管理和交易的企业越来越多，使得商品交易的数据日益增多，具有很大的挖掘价值。

（3）用户。用户的数据一般来源于社交网络、电子商务网站、搜索引擎等互联网平台。互联网每时每刻都在产生海量的数据，如新浪、搜狐等门户网站每天有大量用户的浏览信息；百度、谷歌等搜索引擎为用户检索出大量需要浏览的内容，并实时记录下关键词的搜索密度；微博、微信等社交媒体也不断产生互动数据。互联网信息庞杂，数据量巨大，数据记录易获得，但是互联网中的用户数据具有不稳定性和非结构化的特点，数据的碎片化程度较高。

（4）机器。机器产生的巨量数据也是大数据的重要来源之一，其中包括应用服务器日志、传感器数据（天气、水、智能电网等）、图像和视频、射频识别（radio frequency identification，RFID）②、二维码或条形码扫描数据等。比如，谷歌的无人驾驶汽车就是海量数据的制造者，因其配备大量的传感器，每秒钟会产生多达 1GB 的数据，按照每年驾驶 600 小时计

---

① 维克托·迈尔-舍恩伯格，肯尼思·库克耶．大数据时代［M］．杭州：浙江人民出版社，2013：149－150．

② 射频识别又称无线射频识别，是一种通信技术，可通过无线电信号识别特定目标并读写相关数据，而无须识别系统与特定目标之间建立机械或光学接触。

算，无人驾驶车每年平均产生大约2PB的数据。

2. 大数据的采集过程

与传统的数据采集相比，大数据的采集有很大的不同。传统的数据采集一般是有限的、有意识的和结构化的（如问卷调查），采集到的数据也大多是结构化的，一般的数据库MySQL甚至Excel就能满足数据采集和处理的要求。大数据的采集则是一个十分复杂的工程。比如，在大数据采集过程中，很重要的一个环节是大数据的智能感知，它能实现大数据源的智能识别、感知、信号转换、适配、传输、载入等技术。在智能设备的数据中，还会涉及结构化、半结构化和非结构化等各种数据，这与纯粹结构化数据的采集有很大的不同，因此存在许多需要克服的技术难题。在智能制造、可穿戴设备、物联网愈发普及的今天，数据采集变得非常重要，高速、可靠的数据采集技术是当前需要重点突破的方向。

二、大数据的预处理

数据的预处理就好比用吸管吸水，从中吸出那些需要的部分，而不是尝试把它全部喝下去。① 在小数据时代，数据的处理包括数据清洗、数据转换、归类编码和数字编码等过程，其中数据清洗占据最重要的位置，包括检查数据的一致性、处理无效值和缺失值等操作。大数据时代，面对分散在不同地区、不同平台、种类繁多的异构数据，进行数据整合并非易事，要解决冗余、歧义等脏数据的清洗问题，仅靠手工进行整理不但费时费力，而且质量难以保证；另外，数据的定期更新也存在困难。如何实现业务系统的数据整合，是进行大数据处理时需要考虑的难题。ETL数据转

① 弗兰克斯．驾驭大数据［M］．北京：人民邮电出版社，2013：17.

换系统为数据的预处理提供了可靠的解决方案。

ETL是extract（抽取）、transform（转换）、load（装载）三个单词的首字母缩写，用来描述将数据从来源端经过抽取、转换而装载到目的端的过程。首先是抽取：将数据从各种原始的业务系统中读取出来，这是所有工作的前提；其次是转换：按照预先设计好的规则将抽取得到的数据进行转换，使本来结构不同的数据格式能统一起来；最后是装载：将转换完的数据按计划增量或全部导入数据仓库。

“ETL”一词常用在数据仓库中，但其对象不限于数据仓库。在大数据环境下，混杂的数据同样要经过类似的ETL操作过程。ETL将分散的、不同结构数据源中的数据抽取到临时中间层，之后进行清洗、转换、集成，最终按照预先设定好的数据仓库模型，将数据加载到数据仓库中，成为联机分析处理、数据挖掘的基础。ETL是商务智能和数据仓库的核心和灵魂，按照统一的规则集成并提高数据的价值，负责完成数据从数据源向目标数据仓库转化的过程，是搭建数据仓库的重要步骤。如果说数据仓库的模型设计是一座大厦的设计蓝图，数据是砖瓦的话，那么ETL就是建设大厦的过程。

数据源经过ETL预处理后，交易数据可用于分析用户的基本属性和购买能力，电子商务数据可用于分析用户的线上购买能力和行为特征，会员数据可用于分析用户的基本属性、兴趣爱好和价值，潜在用户数据可用于分析用户的购买意愿和二次接触数据，外部线索可用于分析用户的基本属性和行为特征来转化潜在客户，社交数据可用于分析用户的社交特征和社交关系网络，全网数据可用于分析大量的碎片化数据，与当前数据进行匹配合并，从而形成用户画像，通过这个用户画像可以进一步开展精准营销和个性化推荐。

三、大数据的存储

大数据由于来源不同而具有多样性的特点。在数据的结构化程度方面，传统的数据库存储的数据结构化程度较高；而大数据来源于日志、历史数据、用户行为记录等，更多的是半结构化或非结构化数据。另外，大数据的存储格式多样，例如有的数据是以文本文件格式存储，有的则是网页文件，还有的是以比特流形式存在的文件，等等。因此，大数据的存储介质也具备多样性。大数据应用需要满足不同响应速度的需求，其数据存储提倡分层管理机制，所以必须对多种数据及软硬件平台有较好的兼容性来适应各种应用算法，这就让传统的存储技术无计可施，而成本低廉、具有高可扩展性的云存储技术得到业界的广泛认同。

目前，云存储技术正在颠覆传统的存储系统架构，云存储系统具有良好的可扩展性、容错性以及内部实现对用户透明等特点，这一切都离不开分布式文件系统的支撑。现有的云存储分布式文件系统包括 Hadoop HDFS，Google GFS，Lustre，FastDFS 等。

第 2 节　大数据挖掘

数据挖掘的目标是从海量的数据中发现有价值的信息，为企业营销实践提供借鉴和指导。通过数据挖掘洞察用户需求是大数据营销流程中最关键的一环，而数据挖掘的核心即通过大数据分析构建立体的用户画像。

一、数据挖掘的定义

数据挖掘（data mining）是利用人工智能、机器学习、统计学、模式识别等技术，从大量含有噪声的数据中提取有效信息的过程。从营销学的角度来看，数据挖掘其实就是一种深层次的数据分析方法，其主要特点是对海量数据进行抽取、转换、分析和其他模型化处理，从中提取出辅助决策的关键数据。大数据时代的数据挖掘并不是一门新的学科，其基本原理与传统数据挖掘并无本质区别，只是由于所需处理的数据规模庞大、价值密度低，在处理方法和逻辑上被赋予新的含义。

与“数据挖掘”相关的一个概念是“数据分析”。从本质上说，两者都是为了从收集来的数据中提取有用信息、发现知识，在某些场合这两个概念是可以互换的。而它们之间的主要区别在于三个方面：一是数据量不同。数据分析的数据量通常是 MB 或者 GB 级的，数据挖掘的数据量则是 TB 甚至 PB 级的。二是数据类型不同。数据挖掘的对象不仅有结构化数据，还有半结构化和非结构化数据。三是算法不同。数据分析的主要算法以统计学为基础，而数据挖掘不仅需要统计学，还大量运用了机器学习的算法。①

二、数据挖掘的流程

当数据只停留在存储状态时，它们是“数据”；而数据经过加工处理就成了有用的“信息”；如果信息组合能够合理地产生价值，我们可以称之为“知识”。数据挖掘的过程就是把数据加工处理变成信息，最后转化

---

① 谭磊．大数据挖掘［M］．北京：电子工业出版社，2013：6－8.

为知识的过程。①

为了系统地进行数据挖掘，通常遵循一个通用的流程。数据挖掘跨行业标准流程（Cross-Industry Standard Process for Data Mining，CRISP-DM）是目前应用最广泛的一种标准化数据挖掘过程。图 3—1 描述的就是该流程，包括商业理解、数据理解、数据准备、模型建立、模型评估和模型应用六个主要步骤。

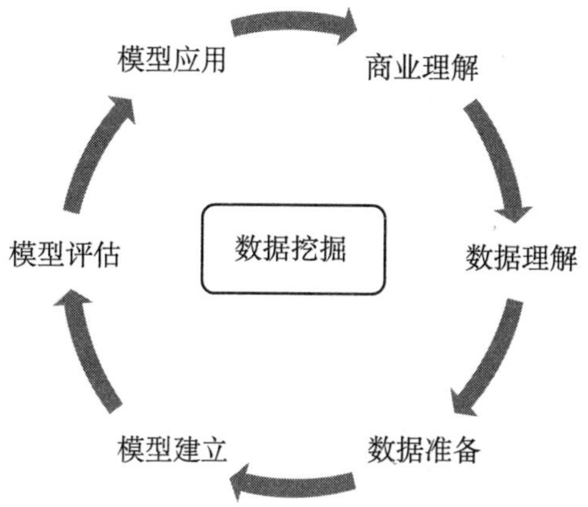

图 3—1 CRISP-DM 数据挖掘流程

1. 商业理解

商业理解是对数据挖掘问题本身的定义，重点在于对项目目标的理解和从商业的角度洞察用户需求，同时将这些内容转化为数据挖掘问题的定义和完成目标的初步计划。在建立数据模型之前需要掌握用户的真正需求，了解真正要解决的问题是什么，根据需求制定工作方案。这一阶段需要较多的沟通和市场调研，了解问题的商业逻辑。从大数据建模开始到结束，要以商业理解为基础，了解相关的数据与业务问题的内在联系，在最

① 谭磊．大数据挖掘［M］．北京：电子工业出版社，2013：12.

后的阶段，需要利用业务知识来塑造模型，建立起来的大数据模型要能满足业务问题的提问和解答等要求。

2. 数据理解

数据挖掘项目需要处理明确的业务需求，针对不同的业务分析需要不同的数据集合。在理解商业目标后，要从大量可用的数据源中识别相关数据。例如，一个服装零售业的数据挖掘项目需要通过人口统计信息（如收入、职业、受教育程度、家庭人口和年龄等）、信用卡交易记录和社会经济属性，识别购买当季服装的客户的消费行为和购物偏好。此外，还应深入了解各个数据源的特征，例如数据的存储形式、数据的更新情况以及各个变量之间可能存在的联系。

3. 数据准备

数据准备指的是对原始数据的预处理，即 ETL，主要包括数据的抽取、清洗、转换和加载，是整个数据挖掘流程中最耗时的环节。数据处理的方法是否得当，对数据中所体现出来的业务特点的理解是否准确，将直接影响到模型的选择及其效果，甚至决定整个数据挖掘工作能否达到预定目标。

4. 模型建立

模型建立是整个数据挖掘流程中最关键的一步，需要在数据理解的基础上选择并实现相关的挖掘算法，同时对算法进行反复调试。模型的建立和数据理解是相互影响的，通常需要经过反复的尝试和磨合，在多次迭代后才能建立真正有效的模型。大数据建模要从数据中发现问题，解释这些问题，通过预测提供新的决策参考。

5. 模型评估与模型应用

传统的模型建构一般是先定义营销问题，采集对应的数据，然后根据确定的模型或分析框架，进行数据分析，验证假设，进而解读数据，解读的空间有限；而大数据提供了一种可能性，既可以根据营销问题封闭性地对数据进行验证，也可以开放性地探索，得出一些可能与常识或经验判断完全相异的结论，因此可以解读的点也变得非常丰富。数据挖掘工作基本结束时，需要对最终的模型效果进行评测。在算法挖掘初期需要制定最终模型的评测方法、相关指标等，以此判断最终模型是否达到预期目标。比如一个关键的评价指标就是，是否仍然有一些重要的营销问题没有得到充分的关注和考虑。模型通过评测后即可以安排上线，正式进入商业化运作流程。

三、数据挖掘的算法与应用

一般来说，数据挖掘的算法包括四种类型，即分类、预测、聚类、关联。前两种属于有监督学习（supervised learning)，后两种属于无监督学习（unsupervised learning)。详见图 3—2。这些方法分别从不同的角度对数据进行挖掘分析，并建立模型，帮助企业提取数据中蕴涵的商业价值，提升企业的竞争力。

1. 有监督学习

有监督学习是指存在目标变量，探索特征变量和目标变量之间的关系，在目标变量的监督下学习和优化算法。例如，信用评分模型就是典型的有监督学习，目标变量为“是否违约”。算法的目的在于研究特征变量（人口统计、资产属性等）和目标变量之间的关系，属于描述性的模式识别和发现。

（1）分类。分类是数据挖掘中最常用的应用，指的是将数据库中一组数据对象划分为不同的类别，其目的是通过模型将数据库中的数据项映射

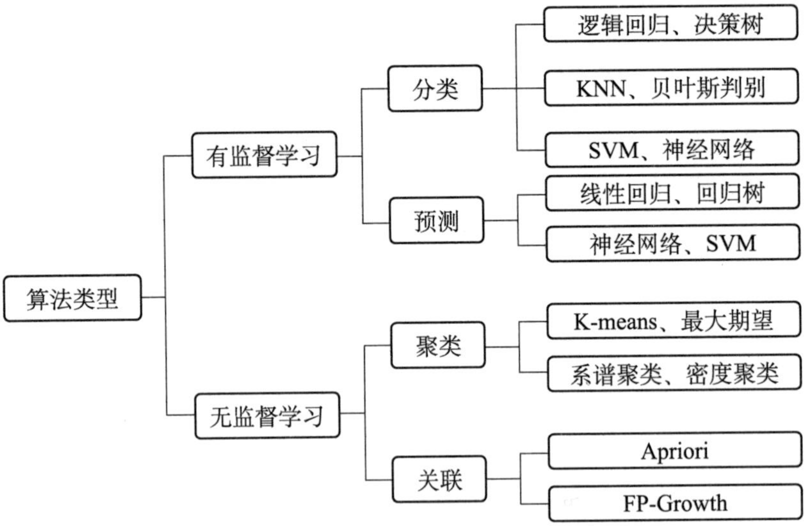

图 3—2　数据挖掘的算法类型

到某个给定的类别。分类算法广泛应用于客户的分类、客户的属性和特征分析、客户满意度分析、客户的购买趋势预测等。比如，一个汽车零售商按照对汽车的喜好将客户划分为不同的类别，这样营销人员就可以将新型汽车的广告手册直接邮寄到有这种喜好的客户手中，从而大大提高营销的精准度。再比如，淘宝商铺将用户在一段时间内的购买情况划分成不同的类别，根据情况向用户推荐关联类的商品，从而增加商铺的销售量。

常见的分类算法包括逻辑回归、决策树、K 最邻近（k-nearest neighbor，KNN）、贝叶斯判别、支持向量机（support vector machine，SVM）、神经网络等。

（2）预测。预测是基于观测数据建立变量间适当的依赖关系，以分析数据内在规律，解决相关问题。主要研究数据序列的趋势特征、数据序列的预测以及变量间的相关性等。预测通常被应用到大数据营销的各个方面，如寻求与维系客户、预防客户流失、产品生命周期分析、销售趋势预测及有针对性的营销活动等。

预测算法和分类算法的最大区别在于，前者的目标变量是连续型的，后者的目标变量是分类离散型的（例如，是否逾期、是否为垃圾邮件等）。常见的预测算法包括线性回归、回归树、神经网络、SVM 等。

2. 无监督学习

无监督学习是指不存在目标变量，基于数据本身去识别变量内在的模式和特征。比如关联分析，通过数据发现项目 A 和项目 B 之间的关联性；再比如聚类分析，根据距离将所有样本划分为几个稳定可区分的群体。这些都是在没有目标变量监督下的模式识别和分析。

（1）聚类。聚类是把一组数据按照相似性和差异性分为几个类别，其目的是将同一类别数据间的相似性尽可能扩大，不同类别数据间的相似性尽可能减小。聚类与分类不同，在做聚类分析之前我们并不知道会以何种方式或依据来分类，所以在聚类分析完成之后，数据和对象分成若干群，我们必须借助专业领域知识来解读分群的意义。①

聚类分析可以应用于客户群体的分类、客户背景分析、市场细分等。比如，金融行业中对不同股票的发展趋势进行归类，找出股价波动趋势相近的股票集合。聚类分析的核心思想就是物以类聚，人以群分。在市场细分领域，对同一种类的商品或服务时，不同的客户有不同的消费特点，通过研究这些特点，企业可以制定出不同的营销组合，从而获取最大的经济效益。在销售片区划分中，只有合理地将企业所拥有的子市场归成几个大的片区，才能有效地制定符合片区特点的市场营销战略和策略。

常见的聚类算法包括 K 均值（K-means）、最大期望、系谱聚类、密度

---

① 谭磊．大数据挖掘［M］．北京：电子工业出版社，2013：100.

聚类等。

(2) 关联。关联描述数据库中数据项之间存在的关系，即隐藏在数据间的关联性或相互关系。受益于条码扫描仪等自动信息收集技术，使用关联算法从超市销售点终端系统（point of sale，POS）的大规模交易记录中发现用户的购物偏好在零售业中是很常见的，因此在应用领域，关联算法通常被称为“购物篮分析”（market basket analysis）。

在客户关系管理中，通过对企业客户数据库里的大量数据进行分析挖掘，可以从大量的记录中发现有趣的关联，找出影响营销效果的关键因素，为产品定位、定价与定制客户群，客户寻求、细分与保持，营销风险评估和诈骗预测等提供参考依据。

与聚类算法一样，关联规则挖掘属于无监督学习方法，它描述的是在一个事件中不同物品同时出现的规律。现实生活中，在超市购物时，顾客的购买记录常常隐含着很多关联规则，例如购买圆珠笔的顾客中有65%也购买了笔记本，利用这些规则，商场人员可以很好地规划商品的货架布局。沃尔玛超市“啤酒和尿不湿”的销售策略就是通过购物篮分析发现的。在亚马逊等电商网站中，利用关联规则可以发现哪些用户更喜欢哪类商品，当发现有类似的客户时，可以将其他客户购买的商品推荐给相类似的客户，以提高网站的收入。

常见的关联算法包括Apriori，FP-Growth，OneR，ZeroR和Eclat等。

第3节 大数据营销的技术支撑

大数据营销并不只是一个停留在概念上的名词，它是一个在大量运算基础上的技术实现过程。国内外很多企业都以技术为驱动力在大数据领域深耕不辍，例如京东就将其战略定位为以技术为驱动力，以电商业务为核心，力求用IT技术提升购物体验，而这些都离不开大数据技术的支撑。

随着数据量的急速增长，大数据的存储和处理就成为企业发展必须面对的问题。目前应用最广泛的是Hadoop平台，它在分布式环境下提供了处理海量数据的能力，被公认是一套行业大数据标准开源软件，国内外很多大公司都在利用Hadoop处理公司的业务，尤其在互联网领域，Hadoop更是大放异彩。例如Facebook使用Hadoop存储内部的日志副本，Twitter则使用Hadoop存储微博数据、日志文件和其他中间数据等。在国内，Hadoop同样得到许多公司的青睐，比如百度就将Hadoop用于日志分析和网页数据库的数据挖掘，阿里巴巴则将Hadoop用于商业数据的排序和搜索引擎的优化等。

一、Hadoop平台概述

1. Hadoop的基本概念

Hadoop是一个由Apache软件基金会开发的开源分布式系统基础架构。简单地说，它是一个可以更容易开发和运行的处理大规模数据的软件平台。它最早起源于Nutch[①]，2002年由道格·卡廷（Doug Cutting）领衔的雅虎团队开发。Hadoop是由其创建者道格·卡廷以他儿子的毛绒玩具象来命名的，图3—3显示了其标识。

Hadoop的核心部分由分布式文件系统HDFS（Hadoop Distributed File System）和MapReduce（Google MapReduce的开源实现）组成，除

① Nutch是基于Java语言实现的开源搜索引擎。

图 3—3 Hadoop 的标识

此之外，Hadoop 还包括一些支持 Hadoop 的其他通用工具的分布式计算系统，可为用户提供系统底层细节的分布式基础架构。其中，HDFS 的高容错性、高伸缩性、高可用性等优点允许用户将 Hadoop 部署在普通的个人电脑上，形成分布式系统；MapReduce 可以在用户不了解分布式系统底层细节的情况下开发并行应用程序，并可以充分利用集群进行高速运算和存储，这一结构实现了计算和存储的高度耦合，十分有利于面向数据的系统架构。因此，用户可以利用 Hadoop 轻松地组织计算机资源，搭建自己的分布式计算平台，完成海量数据的处理。

2. Hadoop 的功能

众所周知，当今社会信息快速增加，而各类信息中又积累着海量的数据，包括企业运营数据、用户数据、机器数据等。Facebook 2015 年的数据显示，其系统每天会产生 100 亿条消息、2PB 以上的数据、45 亿次点“赞”和 3.5 亿张新图片。预计到 2020 年，每年产生的数据将会有超过一半借助云平台进行处理和存储。那么如何高效地管理这些数据呢？Hadoop 作为开源分布式大数据处理平台的价值就体现出来了，在处理这种量级的数据时，Hadoop 采用 HDFS 分布式存储技术，提高了数据的读写速度，同时也扩大了存储的容量。采用 MapReduce 来整合分布式文件系统上的数据，可以保证分析和处理数据的高效性。再加上 Hadoop 的开源特性，使得它在同类的分布式系统中脱颖而出，因此也被众多企业和科研机构采用。

3. Hadoop 的优点与缺点

Hadoop 是一个能够让用户轻松架构和使用的分布式计算平台，用户可以轻松地在 Hadoop 上开发和运行处理海量数据的应用程序。它主要有以下几个优点：

（1）高扩展性。Hadoop 是在可用的计算机集群间分配数据并完成计算任务的，这些集群可以方便地扩展到数以千计的节点中。

（2）高效性。Hadoop 能够在节点之间动态地移动数据，并保证各个节点的动态平衡，因此处理速度非常快，可以高效地处理和分析海量的数据。

（3）高容错性。通过分布式存储，Hadoop 可以自动存储多份副本，当数据处理请求失败后，会自动重新部署计算任务。

（4）低成本。与一体机、商用数据仓库等数据集市相比，Hadoop 是开源的，开发者可以免费下载 Apache 的 Hadoop 分布式平台，因此项目的软件成本大大降低。

Hadoop 的不足之处在于目前仍处于发展阶段，还不够成熟。就像所有新的、原始的技术一样，实施和管理 Hadoop 集群，对大量非结构化数据进行高级分析，都需要大量的专业知识、技能和培训。而目前 Hadoop 开发者和数据科学家的缺乏，使得众多企业维持复杂的 Hadoop 集群并利用其优势变得困难重重；此外，由于 Hadoop 的许多组件都是通过技术社区得到改善的，并且新的组件不断创建，因此作为不成熟的开源技术，存在失败的风险；最后，Hadoop 是一个面向批处理①的框架，这意味着它不

① 批处理是指数据到来后，不是立即处理，而是累积到一定量才进行处理。

支持实时的数据处理和分析。

二、Hadoop 的体系架构

Hadoop 不是一个单一的产品，而是由多个不同的产品共同组成的软件平台，其中最核心的就是 HDFS 和 MapReduce。HDFS 为海量的数据提供了存储功能，MapReduce 则为海量的数据提供了计算功能。

目前，Hadoop 已经发展成为包含很多项目的集合，形成了一个以 Hadoop 为中心的生态系统（如图 3—4 所示）。这一体系提供了互补性服务并在核心层上提供了更高级的服务，使得 Hadoop 的应用更加方便快捷。

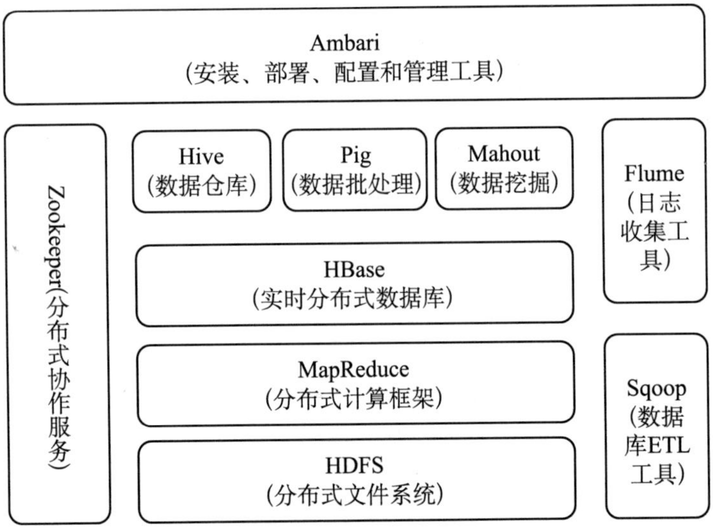

图 3—4　Hadoop 生态系统图

1. HDFS

HDFS 是 Hadoop 的基本组成部分，是一种数据分布式保存机制，存储 Hadoop 集群中所有存储节点上的文件。HDFS 为 HBase 提供了高可靠性的底层存储支持，并为 Hadoop 平台上其他的工具提供基础。HDFS 与其他分布式文件系统并无明显区别，都具有创建文件、删除文件、移动文件和重命名文件等功能。

2. MapReduce

MapReduce 是 Hadoop 的主要执行框架，它是一个分布式、并行处理的编程模型，分为 Map（映射）阶段和 Reduce（化简）过程，是一种将任务细分处理再汇总结果的方法，即 Map 将一个任务分解成为多个任务分发出去，Reduce 再将分解后多任务处理的结果汇总起来。MapReduce 的用途是进行批量处理，而不是进行实时查询，因此不适合交互式应用。它极大地方便了编程人员在不会分布式并行编程的情况下，将自己的程序运行在分布式系统上。由于 MapReduce 工作原理的特性，Hadoop 能以并行的方式快速访问数据。

3. HBase

HBase 即 Hadoop Database，是一个在 HDFS 上开发的面向列的高可靠性、高性能、可伸缩的数据库系统。利用 HBase 技术可以在廉价的 PC 服务器上搭建起大规模结构化的存储集群。HBase 是 Google BigTable 的开源实现，模仿并提供了 BigTable 数据库的所有功能。HBase 将 HDFS 作为其文件存储系统，利用 Hadoop MapReduce 来处理 HBase 中的海量数据，利用 Zookeeper 进行协同服务。HBase 主要用于存储非结构化和半结构化的松散数据，它能够处理庞大的数据表，可以用普通的计算机处理超过 10 亿行数据的数据表。

4. Pig

Pig 是一个基于 Hadoop 的大规模数据分析工具，它提供的类似结构化查询语言（Structured Query Language，SQL）[①] 的语言叫 Pig Latin，该语言的编译器会把数据分析请求转换为一系列经过优化处理的 MapReduce 运算。Pig 简化了 Hadoop 常见的工作任务，可以用更人性化的脚本方式分析数据，逐渐发展成为能够分析大数据的高级数据流编程语言和执行框架。[②] Pig 可加载数据、表达转换数据以及存储最终结果。但是 Pig 并不适用于所有的数据处理任务，和 MapReduce 一样，它是为数据批处理而设计的。如果需要查询的只涉及一个大型数据中心的一小部分数据，Pig 的耗时会比较长，因为它要扫描整个数据集或其中的很大一部分。

5. Hive

Hive 是构建于 Hadoop 上的一个数据仓库软件，允许使用类似于 SQL 的语言来查询和管理分布式存储的大型数据集。类似于 Pig，在运行时，Hive 会将查询转换为一系列 MapReduce 作业。Hive 比 Pig 在概念上更接近关系型数据库[③]管理系统，因此适用于结构化程度更高的数据。对于非结构化数据，Pig 是更佳的选择。

Hive 的设计目的是让精通 SQL 技能（但 Java 编程技能相对较弱）的分析师能够对存放在 HDFS 中的大规模数据集进行查询，学习成本相对较低，应用开发灵活而高效。目前很多企业把它当作一个通用的、可伸缩的数据处理平台。

6. Mahout

Mahout 的原意是“驱象人”，它是基于 Hadoop 平台的数据挖掘算法

① 结构化查询语言是一种数据库查询和程序设计语言，用于存取数据以及查询、更新和管理关系数据库系统。

② 赵勇，林辉，沈寓实，等．大数据革命——理论、模式与技术创新［M］．北京：电子工业出版社，2014：159.

③ 关系型数据库是指由二维表及其之间的联系所组成的数据组织。

框架，提供一些可扩展的机器学习领域的经典算法，包括聚类、分类、协同过滤（collaborative filtering）[①] 等，旨在帮助开发人员更加方便快捷地创建智能应用程序。Mahout 最大的优点就是基于 Hadoop，把很多以前运行于单机上的算法转化为 MapReduce 模式，这样大大提升了算法可处理的数据量和处理性能。如果说 Hadoop 是大数据界中的大象，Mahout 则是能让这头体态庞大的大象轻盈舞蹈的驱象人。[②]

7. Zookeeper

Zookeeper 的原意是"动物园管理员"，它是一种基于 HBase 和 HDFS 的分布式协作服务，主要用于解决分布式应用中所遇到的一致性问题，比如统一命名服务、状态同步服务、集群管理、分布式应用配置项的管理等。Zookeeper 作为 Hadoop 的一个子系统，致力于将不同协调服务集成在一个简单易用的界面上，是 Hadoop 集群管理不可缺少的一个模块。

8. Ambari

Ambari 是一种基于 Web 的工具，旨在支持 Hadoop 集群的安装、部署、管理和监控。Ambari 目前支持大多数 Hadoop 组件，包括 HDFS，MapReduce，Hive，Zookeeper，Pig 等的集中管理。

9. Flume

Flume 是一个分布式、高可靠性、高可用性的海量日志采集、聚合和传输系统，可用于日志数据的收集、处理及传输。Flume 支持在日志系统中定制各类数据发送方，用于收集数据；同时，Flume 还提供对数据进行

---

① 协同过滤是亚马逊等公司极为推崇的一种算法，它依靠用户评分、点击和购买等信息为其他用户推荐产品。

② 赵勇，林辉，沈寓实，等．大数据革命——理论、模式与技术创新［M］．北京：电子工业出版社，2014：239.

简单处理，并写到各种数据接收方的能力。

10. Sqoop

Sqoop 是一个用来将 Hadoop 和关系型数据库中的数据相互转移的工具，它可以将一个关系型数据库（如 MySQL，Oracle 等）中的数据导入 Hadoop 的 HDFS，也可以将 HDFS 中的数据导入关系型数据库。这个过程即为 ETL。

三、Hadoop 的应用

随着企业的数据量迅速增长，存储和处理海量数据已经成为企业的迫切需求。Hadoop 作为开源的云计算平台，引起学术界和企业界的普遍关注。下面介绍几个较有代表性的 Hadoop 商业应用案例。

1. Hadoop 在门户网站上的应用

关于 Hadoop 技术的研究和应用，雅虎一直处于领先地位，它将 Hadoop 应用于自己的各种产品中，包括数据分析、内容优化、反垃圾邮件系统、广告的优化选择、大数据处理和 ETL 等。同时，在用户兴趣预测、搜索排名、广告定位等方面加以充分应用。在主页个性化方面，实时服务系统通过 Apache 从数据库中读取相应的映射，并且每隔 5 分钟 Hadoop 集群就会基于最新数据重新排列内容，每隔 7 分钟则在页面上更新内容。在邮箱方面，雅虎利用 Hadoop 集群，根据垃圾邮件模式对邮件进行细分，并且每隔几小时就在集群中改进反垃圾邮件模型，集群系统每天还可以推动 50 亿次的邮件投递。

雅虎在 Hadoop 中同时使用了 Pig 和 Hive，主要用于数据准备和数据表示。数据准备阶段通常被认为是抽取、转换和装载（ETL）数据的阶段。在这个阶段需要装载和清洗原始数据，并让它们遵守特定的数据模型的条件，还要尽可能地让它们与其他数据源结合。这一阶段的客户一般是程序员、数据专家或学者。数据表示阶段一般会涉及数据仓库，数据仓库存储了客户所需的产品，客户会根据需要选取合适的产品。这一阶段的客户可能是系统的数据工程师、分析师或者决策者。①

2. Hadoop 在搜索引擎中的应用

百度作为全球最大的中文搜索引擎公司，提供基于搜索引擎的各种产品，包括以网络搜索为主的功能性搜索，以贴吧为主的社区搜索，针对区域、行业的垂直搜索，MP3 音乐搜索以及百科搜索等，几乎覆盖了中文网络世界中所有的搜索需求。

百度对海量数据处理的要求是比较高的，要在线下对数据进行分析，还要在规定的时间内处理完并反馈到平台上。百度在互联网领域的平台需求要通过性能较好的云平台进行处理，Hadoop 就是很好的选择。在百度，Hadoop 主要用于日志的存储与统计、网页数据的分析和挖掘、商业分析(如用户的行为和广告关注度等)、在线数据的反馈、在线广告点击情况的统计、用户网页的聚类、用户推荐度及用户之间关联度的分析等。

3. Hadoop 在电商平台中的应用

淘宝网目前拥有超过 5 亿注册用户，每天有超过 6 000 万名固定访客，同时每天的在线交易商品数超过 8 亿件，平均每分钟售出 5.2 万件商品。它需要用云系统来存储 PB 级的数据，Hadoop 就是很好的选择。随着规模的扩大和用户数量的增加，淘宝从单一的 C2C 网络集市变成包括 C2C、团

---

① 安俊秀，王鹏，靳宇倡．Hadoop 大数据处理技术基础与实践［M］．北京：人民邮电出版社，2015：8－9.

购、分销、拍卖等多种电子商务模式在内的综合零售商圈。淘宝搭建了国内最大的 Hadoop 集群——云梯，存储容量超过 200PB，机器规模超过 9 000台，单集群每日运行的作业数超过 25 万。云梯除了支持 MapReduce，Hive，Mahout 等计算框架外，还支持 MPI，Spark，R 等新兴的离线计算模型。云梯在 Hadoop 社区版本的基础上做了大量功能性、稳定性、可扩展性方面的改进，积累了阿里巴巴旗下各家子公司的海量业务数据，包括 BI、搜索、广告等部门产出的核心数据，这些成为淘宝线上数据的重要来源。

除了以上例子，在其他很多应用中都有 Hadoop 的身影，在社交、电信等领域 Hadoop 都发挥着举足轻重的作用。由此可以看出 Hadoop 分布式集群在大数据处理方面有着无与伦比的优势，易于部署、方便扩展、性能强等特点使得它能很快被各大企业接受，并在各种应用中不断得到完善。

案例 3—1 百度糯米依托大数据造节营销

在整个 2015 年的造节营销中，百度糯米动作频频——从别出心裁的“3·7女生节”“5·17 吃货节”“6·20 五周年庆”“7·18 暑期大促”，到电商盛会“双十一”中的“劫后大补”，再到“双十二火锅节”和“双旦大数据红包＋年终奖大促”，将“节日营销”与“造节营销”的策略发挥得淋漓尽致。

当然，仅依靠造节营销并不足以支撑百度糯米赢得市场，背后的大数据技术支持才是百度糯米成功营销的关键。以“双十二火锅节”为例，百度糯米消费大数据显示，在五一、中秋和十一等节日期间，火锅已成为仅次于自助餐的第二大餐饮消费品类；而百度搜索大数据显示，从2014年1月至2015年11月，网民对火锅的搜索呈现明显的阶段性。在整体平稳上升的情况下，会在每年的10月到第二年的2月之间出现一个上涨的高峰期。基于这样的数据洞察，百度糯米在“双十二”电商大战中独辟蹊径推出“火锅节”（见图3—5），取得空前成功。

图3—5 百度糯米借大数据精准打造“双十二火锅节”

此外，百度糯米在后续的圣诞和元旦大促中使用了基于增强现实（augmented reality，AR）技术的“扫钱生钱红包”及“晒气质，赢免单”的“大数据红包”等，使百度强大的技术创新力量在每一次营销活动中发挥重要作用，不仅为用户提供了更新奇炫酷的体验，更全面提升了运营效率、释放了品牌价值。

不仅如此，百度糯米还通过与《西游记之孙悟空三打白骨精》合作推出“餐饮＋电影”场景化O2O新模式。利用WiFi指纹方法及基于位置的服务（location based service，LBS）定位大数据，百度糯米打造了到店推荐功能，可精准识别用户的到店场景，推送商户团单或提示用户使用券码。百度糯米可以根据每一个用户的位置、时间和人群行为三重需求构建用户场景生态，提供场景化、个性化的美食、电影、酒店、KTV 等多样化生活服务产品，全面提升运营效率。

技术在百度糯米造节营销中的应用不仅体现在线上，线下也在迅速渗透。百度糯米正通过大数据技术有目的地拓展新品类门店，驱动内容更匹配用户需求，一方面提升地推团队的效率，另一方面通过大数据用户画像，让商家更了解自己的用户特征与偏好，开展更有针对性的精准营销。

技术向营销的渗透为百度糯米带来了令人侧目的成绩，在 2015 年一整年的造节营销中，百度糯米的单日商品交易总额（gross merchandize volume，GMV）峰值取得了螺旋式增长，先从 7 300 万元到 2 亿元，之后从 3.5 亿元到 4.5 亿元，百度糯米不断刷新着业界单日交易流水纪录。

资料来源：改编自光明网．百度糯米斩获“最佳营销案例”奖［EB/OL］．(2016 - 01 - 13)［2016 - 12 - 01］．http：//it. chinabyte. com/357/13670857. shtml.

讨论题

1. 百度糯米通过哪些渠道收集大数据？
2. 百度糯米是如何让技术向营销渗透的？
3. 百度糯米大数据营销的成功因素有哪些？

案例 3—2 京东大数据邮件精准营销

小李是一个运动达人，最近想在京东商城买一双运动鞋，结果发现他选中的那款商品没有货，于是他选择了京东的“到货提醒”功能，填写了自己的邮箱地址，几天后小李收到邮件提醒有货，邮件中还给他推荐了几款相关的运动鞋，小李感觉自己选的没有推荐的好，于是购买了邮件中推荐的商品。

过了一段时间，小李又迷恋上了摄影，于是想在京东买一款单反相机。但对于一个摄影菜鸟来说，该如何选择呢？没想到有一天他打开邮箱，发现里面有一封邮件“京东告诉您如何挑选单反相机”，这不正是小李需要的吗！他立马打开邮件，通过邮件到达专题页面，参照里面的内容，果然找到了自己满意的相机并果断下单购买。就这样，小李喜欢上了京东的邮件，因为京东的邮件总能给他惊喜，好像能读懂他的心思。像小李这样感受到京东邮件魅力的会员不在少数，那么京东的邮件系统是怎么做到的呢？

首先，成功的邮件营销就是要解决 3W 问题：在什么时间（when）把什么内容（what）发给什么人（who）。要解决这个问题，需要清楚了解用户的情况、个人喜好。这些都需要大数据挖掘技术的支持，需要基于用户在京东的一切行为的数据，包括搜索、浏览、点击、咨询、加关注、放入购物车、下单、地址等一系列数据，在这些数据的基础上进行建模，然后得出每个用户的情况，例如，性别、年龄、婚否、是否有孩子、孩子的性别、是否有房子、是否有车、喜欢什么品牌，等等。收集到这些信息，就比较容易发掘每个用户的喜好，然后抽象出各种场景，基于每个场景制定不同的邮件策略。例如，放入购物车却没有购买是一个场景，浏览了没有购买也是一个场景，基于这些场景，京东设置不同的邮件内容，在合适的时间（比如放入购物车的商品降价）发送给这个用户。

基于大数据，京东搭建了以下精准营销架构（见图 3—6）：架构的底层是详细的数据，包括用户产生的各种日志数据、交易数据和其他相关数据；在用户数据的基础上，可以进行用户行为的建模，包括用户属性识别、用户兴趣模型、用户关系模型、用户生命周期、用户信用模型等；在用户建模之上，再抽象出用户的画像，作为底层数据提供给各营销系统。

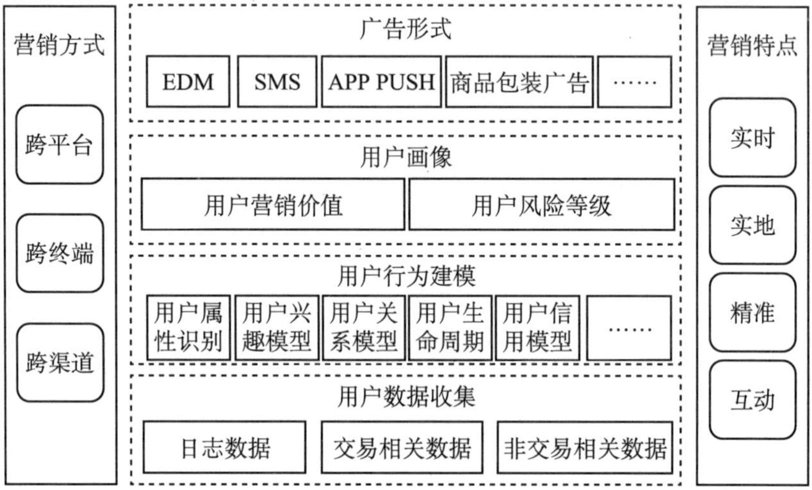

图 3—6 京东的精准营销架构

这个架构不仅解决了京东邮件精准营销的问题，而且解决了所有主动推送的诸如短信、APP PUSH、站内信等信息精准营销的问题。有了大数据的参与，京东把大数据建模得到的用户画像抽象成筛选条件放到邮件系统中，这样，任何邮件运营人员都可以很方便地筛选出精准的目标用户，邮件内容的设置也更多样化，更重要的是用户体验得到了极大提升。

资料来源：京东研发体系．京东技术解密［M］．北京：电子工业出版社，2015：225.

讨论题

1. 京东是如何通过邮件系统进行精准营销的？

2. 京东如何利用大数据勾勒用户画像？

3. 京东的精准营销架构可以应用到哪些领域？

第4章

基于大数据的消费者洞察

教育机构通过大数据提升消费者洞察的精度

国内某知名教育集团曾通过线下小范围的市场调研得知，其目标受众为20～40岁人群。随着数据管理平台的问世和成熟，它们通过数据管理平台（DMP）对过去项目的投放数据和官方网站的海量数据进行目标受众分析，得到比之前更为细致的结论，即对出国留学有浓厚兴趣的25～45岁女性，集中在东南沿海发达城市。

根据分析结果，该教育集团做了几项改变来实施大数据营销以提高效益。首先，在广告创意中更多出现母亲和孩子的画面；其次，对重点营销区域进行调整，加大了对原来重视不够的华南沿海发达城市的投入；最后，在接下来的广告投放中，以25～40岁女性的覆盖效率为核心考核指标和优化目标。在新策略应用期间，其官网的二跳率①提高了2.5倍。

① 当网站页面展开后，用户在页面上的首次点击称为“二跳”，二跳的次数为“二跳量”，二跳量与浏览量的比值称为页面的“二跳率”。

第1节 基于大数据消费者洞察的优势

消费者洞察（consumer insight）就是正确描述和理解消费者内心的需求、信念或者态度，以引起消费者的共鸣，是一个产品能否打动消费者的关键要素。[①] 大数据时代的到来，为企业洞察消费者提供了一种新的途径和手段。利用大数据进行消费者洞察，能够更加全面透彻地了解消费者，从而实现营销的精准化和人性化。总的来说，基于大数据的消费者洞察有以下四个方面的优势。

一、提高效率：大数据 vs 小数据

传统营销的消费者洞察主要是依靠实地调研、抽样问卷调查等方法，这种方式历史悠久，但是在互联网时代逐渐暴露出其缺点，即成本高、反馈周期长、样本量小等。与传统的消费者洞察方法相比，大数据时代的消费者洞察是基于消费者自身在互联网中产生的庞大真实数据——不管是搜索的关键词、浏览的页面，还是观看的视频、社交媒体上的活动状态等。这种方式能节省大量调查的人力和费用，缩短信息反馈周期，大大提高洞察的准确性。

假设某大品牌想要对全国的消费者进行调查，如果采用传统的抽样调查，需要在典型城市分别采集 1 000～2 000 个样本，整个过程涉及派遣调

① 乐为．消费者洞察的常用方法与实务［C］// 中国市场学会 2006 年年会暨第四次全国会员代表大会论文集，2006：630－635.

查人员、调研后的数据录入与分析、调研报告的撰写、调研数据应用于营销策略制定等步骤，耗费时间长，成本很高，关键是调研无法做到访问全中国人口，在这种情况下获得的数据不充足，且通常是有偏差的；而采用大数据的洞察方法，则可以在短时间内收集到传统调查无法收集到的大规模数据，相对减小误差，对消费者的洞察更加准确。另外，某些小企业因为资金有限，无法像大企业那样获取大样本，更多的是凭借小样本和主观经验来制定营销策略。进入大数据时代，小企业的消费者洞察也将迎来春天。

二、优化效果：动态 vs 静态

传统的市场调研方法是静态的，这种静态特质不仅体现为时间上的静态，更体现为调研内容上的静态。在时间上，问卷调查是在某一具体时间节点上对消费者进行访问。在调研内容上，例如调查问卷的内容，每个问题的顺序、表达、如何作答都是提前设计好的，这在某种程度上局限了调研的范围，而且问卷的设计水平将直接影响调研的效果。如果问卷设计得肤浅、片面，那么获得的信息对营销决策的价值很有限，如果修改问卷后重新调研，会花费更多的人力和财力。

在互联网时代，消费者出现新的特点，80 后、90 后新一代消费者更强调个性，面对的诱惑更多，因此品牌依赖度下降，不会单纯相信企业的宣传，倾向于自己在网络上搜索评价并做出判断，他们的决策在这一秒和下一秒可能截然不同。消费者在改变，对消费者的洞察方式也需要改变。大数据能打破时间和空间的限制，使得对消费者的分析实时动态更新，真正做到随时随地了解他们当下的需求。

三、深入洞察：全面 vs 片面

基于大数据的消费者洞察的基本特性之一就是数据获取的全面性。对用户行为轨迹进行追踪，对特定时间段的数据进行收集，传统市场调研是做不到的；而在大数据时代，消费者的各种行为都被记录下来，比如在淘宝的收藏夹里收藏了什么、每天花在网上购物的时长、购物的平均金额，等等。另外，数据的获取没有时间和地点限制，在消费者不愿意接受问卷调查时，也能获得该消费者的数据，使得消费者洞察少了很多阻碍，进入一个更为全面的阶段。有全面的数据才能有全面的分析，所了解的情况才能与消费者的实际情况更加接近。

四、真实可信：客观 vs 主观

传统的消费者洞察更多是主观的介入，然而人是非常复杂的动物，人会思考，且富有情感。调查人员在碰到消费者提问或者问卷分析中有不理解的问题时，往往会带入自己的情感和主观推测。另外，问卷调查中很多题目是判断题或问答题，消费者在面对这样的题目时，多数情况下是经过思考才回答的，当涉及一些敏感问题时，我们无法判断消费者填写的答案是真实的还是虚假的，是他脑海里即时冒出来的答案，还是经过一番美化后的想法。

大数据则不然，大数据是对消费者各个方面特征的客观捕捉。基于互联网的数据采集是多渠道、多元化的，例如我们可以捕捉消费者在网上购物时留下的数据进行分析，这是消费者客观、真实的购物行为，避免了传统市场调研中主观性的问题。

第2节 基于大数据消费者洞察的方法

移动互联网时代的消费者相比传统媒体时代更为主动，他们不再是单纯地接受信息，而是有更多的自主权，这样的关系模式转变使得品牌不能再依靠强制来获得关注，而要以更具渗透性的方式进行传播，这势必要求更为透彻的消费者洞察。[①] 总括起来，基于大数据的消费者洞察主要有以下五种方法。

一、cookie 数据追踪行为

利用 cookie 是大数据时代洞察消费者的一种基本方法。cookie 是服务器暂存在用户电脑上的一笔资料，以便识别用户，它存储在用户的本地电脑上，而且经过了加密处理。cookie 是怎样形成的呢？假设你访问某一网站，该网站的服务器会通过你的浏览器（如 IE、搜狗等）在你的电脑上生成只能由这个网站可读的 cookie 文件，这些 cookie 文件会存储你在该网站上的一些输入数据与操作记录，包括你敲入的文字、你的浏览行为或者一些选择，当你下一次浏览这个网站时，网站就知道你是否曾经访问过，以此识别你的身份。cookie 最基本的表现就是，保存了你在这个网站登录时的用户名和密码，这样下次你访问时就不需要再重复输入，而已经是登录状态了。cookie 就好像是你在这个网站的一张身份证，你在这个网站的每

① 吕芹．会心才能一击——基于大数据的消费者洞察夯实营销基础［J］．互联网周刊，2014（10）：44－46.

一次访问都会促成对 cookie 的修改。

利用 cookie 数据进行消费者洞察表现为通过对可得的每一个 cookie 进行分析，找到该用户的关注点、兴趣点。cookie 就像是用户留下的一串串脚印，根据这些脚印的所到之处，可以知道用户的兴趣爱好，以此为基础来投放广告。但是这种方法只能做到简单的数据分析，原因是受到数据量、过期时间、数据覆盖范围等因素的限制，因此 cookie 的准确率不高。例如仅凭用户在网站浏览名车、房地产信息就判断这个用户可能是一位中年男性，是不准确的，该用户也可能是一位女性。cookie 在移动时代最大的一个弊病就是，在移动设备上没有 cookie。阿里巴巴的数据显示，2016 年“双十一”当天，天猫平台 82.42%的成交额来自无线设备。因此如何超越 cookie，实现跨屏、跨设备的用户追踪成为大数据精准营销需要解决的问题。

值得一提的是，Facebook 推出的新版 Atlas 解决了这个问题。Atlas 最初是一个追踪系统，2013 年被 Facebook 从微软手中收购，经过 Facebook 的改写，如今的 Atlas 可以在没有 cookie 的移动世界里捕捉消费者的行为。Atlas 利用 Facebook 的永久 ID 解决了移动设备的 cookie 难题。如果说 cookie 是用户留在网页上的脚印的话，Facebook 的 ID 更像是一个人的指纹，更具有唯一性，无论用户到哪里，都可以通过这个指纹识别出具体的个人。因此，Atlas 也称为“基于人的营销”。

二、搜索数据揭示兴趣

大数据时代的另一种消费者洞察方法是基于搜索引擎巨头提供的消费者搜索行为数据的洞察。搜索引擎就像是企业和消费者之间的一个信息接口，为企业信息提供了一块展板，也满足了消费者的信息获取需求。搜索平台拥有庞大的用户行为数据，实时洞察消费者需求，集成数据，进行结构化分析，也可以进行一定程度的洞察。但是这种方法会受到特定搜索引擎的局限，只能掌握部分消费者的部分网络行为，因为仅仅基于用户的搜索行为无法知道他们的后续动作是什么，比如：用户是否会真的购买搜索的商品？哪些用户会购买？哪些用户没有购买？是什么原因导致了这两者的区别？这些问题单靠搜索数据是无法给出答案的。

三、社交数据发现身份

随着移动互联网的兴起，社交媒体已经成为消费者日常生活中不可缺少的一部分。大多数消费者，特别是年轻人已经习惯了每天早晨起来看看朋友圈，睡前刷刷微博热点，去论坛看看有无最新活动，写下留言，写了几年的博客偶尔也会更新一下……全球最大的传播集团 WPP 旗下的调研公司凯度发布的《2016 中国社交媒体影响报告》显示，超过一半（51%）的中国城市居民已经成为社交媒体用户。[①] 社交媒体的用户是如此广泛，使得它成为对消费者进行洞察的一座数据宝库。企业可以充分利用社交媒体来收集客户数据，从中发掘客户的年龄、性别、喜好等信息，根据分析结果来开展精准营销活动。

四、电商数据体现消费

如今，越来越多的中国人倾向于在网上购物，每年天猫的“双十一”、京东的“6・18”、苏宁的“8・18”成了网购的狂欢节。正因为电商的用户如此之多，所以电商数据也成为大数据分析不可忽视的一部分。以淘宝指数为例，淘宝指数包括长周期走势、人群特性、成交排行与市场细分等

---

① 凯度．2016 中国社交媒体影响报告：微信公众号心灵鸡汤文章更受欢迎［EB/OL］．（2016－01－29）［2016－12－01］．http：//www.meihua.info/a/65986.

四个维度，分别反映淘宝上任一关键词（如商品、行业、事件等）的搜索和成交走势、不同商品的消费人群特征、基于淘宝搜索和成交的排行榜，以及不同标签的人买过什么商品的市场细分等。[①] 通过对电商大数据的分析，能够更直接地了解消费者的动态。2015 年淘宝推出的新势力周活动，就是通过对淘宝大数据的分析发现了 20 个风格的流行趋势，例如波西米亚、街头文化等，吸引了消费者的眼球。

五、跨屏数据打破界限

依靠"PC+移动"的数据才是大数据时代进行消费者洞察最理想的方法，这种方法囊括了 PC 端和移动端的数据，既有消费者的基本属性（如性别、年龄等），又有消费者全网浏览、搜索及购物行为的数据。以大数据公司集奥聚合为例，它依靠的是高质量非 cookie 的数据，能通过数据挖掘技术对网民进行连续的追踪和分析，包括受众活跃时间段、全网搜索词、触媒习惯、本品与竞品受众行为等方面，在此基础上为广告主提供全方位洞察数据。相对于前面提到的几种方法，这种方法能构建消费者行为模型，即对从消费者知晓商品、查询信息、比较商品到购买的整个过程进行分析，实现消费者行为的还原，完成消费者清晰的画像。

第 3 节 基于大数据消费者洞察的流程

基于大数据消费者洞察的流程大致分为四个步骤（见图 4—1）：第一

---

① 刘旸．跨屏大数据：传统媒体与互联网融合的入口［J］．中国广播，2015（6）：18－22.

步是收集整理消费者数据，第二步是利用标签绘制消费者画像，第三步是针对消费者特征制定营销策略，第四步是在营销活动开展后根据实时反馈的情况来改进营销策略。

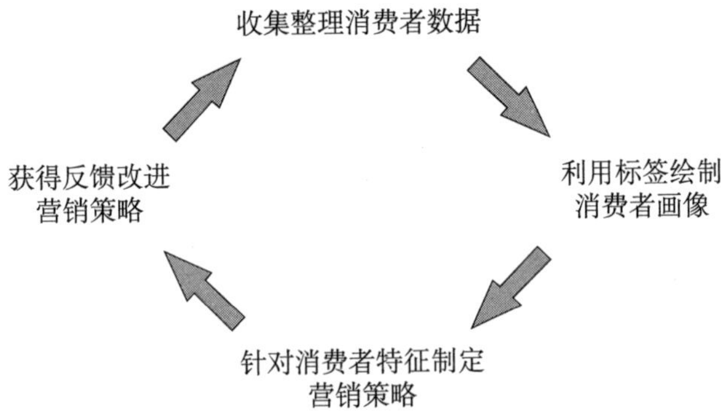

图 4—1 基于大数据消费者洞察的流程

一、收集整理消费者数据

首先是收集整理消费者数据，从大数据中提取有价值的数据，剔除冗杂无关的数据，建立消费者数据库。数据收集回来后，要确定相应的筛选标准、筛选范围、筛选具体对象等，据此对有效信息和无效信息进行鉴别。确定消费者数据中哪些对企业而言是有用的，哪些是没用的。一般来说，消费者数据的筛选需要经过初步筛选、入围筛选和精选三个阶段。

建立一个有效且完善的消费者数据库是大数据营销成功的基础。消费者数据库就像是企业的一个营销宝库，例如，目前 Facebook 已经掌握了近 14 亿用户的信息，建立起一个庞大的数据库。通过对数据的分析，能帮助企业锁定目标消费者，洞察消费者的需求与偏好，从而更高效地将企业产品信息传递给他们，也能够提供更优质贴心的售前、售中和售后服务。

二、利用标签绘制消费者画像

第二步是在建立消费者数据库的基础上，利用数据挖掘技术，依据消费者各自的特征对消费者进行归类，贴上相应的标签，例如“网购达人”“白富美”“苹果粉”“极客”等，然后基于这些标签采用不同的、定制化的活动进行定向的精准营销。通过利用大量的标签，大数据时代的消费者洞察能够把消费者细分到非常小的人群甚至个体，比传统营销环境下的简单归类更加符合个性化原则。

然后可以分析每一类消费者的喜好，从衣食住行到社交娱乐绘制该类消费者的画像。以数据库中标签为“白领”的人群为例，我们可以描绘出这样一幅消费者画像：喜欢高品质的生活，爱好旅游、逛街、摄影等；穿着有品位，追求细节，生活小资有格调；消费水平中等偏上。假设某轻奢女包品牌希望进行推广营销，那么数据库中标签为“白领”的女性人群便是该女包品牌的目标推广人群。

消费者画像分析是企业营销的基础，非常重要。国内一家时尚传媒集团在做电子商城时，对用户的定位是高端时尚消费者，商品售价普遍在1 000元以上。商城上线运营半年后，发现转化率一直不高。对用户画像分析后发现，这些用户虽然是该传媒集团的时尚资讯的粉丝，但实际购买力大多在300元左右，并不会购买其电子商城中的正品，而是去其他网站买仿品。可见，消费者画像是洞察的关键，是企业营销的基础。

值得注意的是，每个消费者并不是只有单一的标签，可以同时有多个标签。标签越多，对该消费者的了解便越透彻，进而达到一种“比消费者更了解自己”的境界。

三、针对消费者特征制定营销策略与获得反馈改进营销策略

找到目标消费者并制定个性化的营销策略，在最合适的时间和地点，用最合适的方式为其提供差异化的产品和服务。最后通过对营销活动的评价和反馈，进一步了解消费者需求。

还是以前面提到的轻奢女包品牌为例。假设通过第二步的数据挖掘，已经选出三类消费者作为该品牌的目标消费者，分别是标签为“白富美”“高富帅”和“大城市轻熟女”的人群，其中，“白富美”是该女包品牌的核心目标人群。在绘制了这三类人群的消费者画像之后，分别针对这三类人群进行品牌定位、产品包装、广告口号等一整套市场营销策划。假设要对核心目标群体“白富美”进行营销，那么首先应选择推广的商品，这些商品可能是该女包品牌中的高端产品；然后进行文案的策划，选择最能打动“白富美”这一群体的文案；最后确定针对这一群体的推广时间和营销渠道等策略，并在营销活动的执行过程中，根据反馈信息进一步完善消费者洞察及营销方案。

案例 4—1 腾讯群聚标签 DMP：发现欧乐 B 目标人群

我国电动牙刷市场仍处于萌芽期，但潜在市场很大，目前主要被飞利浦、欧乐 B 和松下三家占据。欧乐 B 隶属宝洁，近年来在电动牙刷领域发展较快。

欧乐 B 虽处于行业领军地位，但高端产品的市场开发程度却很低。为了推广其高端新品——全球首款蓝牙智能电动牙刷 iBrush，一款应用了智能人机互动、私人刷牙大数据和智能感应等技术且单价不菲的高科技产品

（见图 4—2），欧乐 B 拍摄了一部电视商业广告，但面临以下挑战：品牌对于什么样的消费者才是目标受众没有充分的把握；品牌不知道在哪里投放电视商业广告能使目标受众浓度最大化、广告的精准程度最大化。

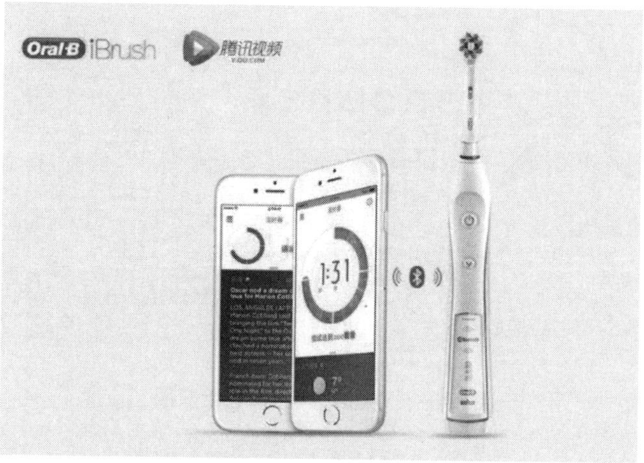

图 4—2 欧乐 B iBrush 牙刷截图

于是欧乐 B 找到了腾讯公司，希望借助腾讯的大数据平台及投放系统实现准确的目标受众人群洞察，精准地向目标受众投放广告，提升新品的品牌力。

腾讯是目前中国最大的互联网综合服务提供商之一，也是中国服务用户最多的互联网企业之一。腾讯全平台大数据包含海量的用户群聚数据管理平台（data management plat，DMP）标签，通过点击人群背后多维的群聚标签可以帮助欧乐 B 进行目标受众人群洞察，在广告投放过程中对点击人群标签的分析还能帮助欧乐纠正对目标受众的认知，逐步调整目标受众画像，精准找到目标受众。

欧乐 B 项目的解决方案的执行过程如下。

第一阶段：依靠腾讯全平台的群聚 DMP 标签（见图 4—3），从基础属性、个人兴趣、人群浓度和广告兴趣等多维标签入手，理性翻译客户对目标受众的感性描述，作为初期种子用户画像进行试投放。

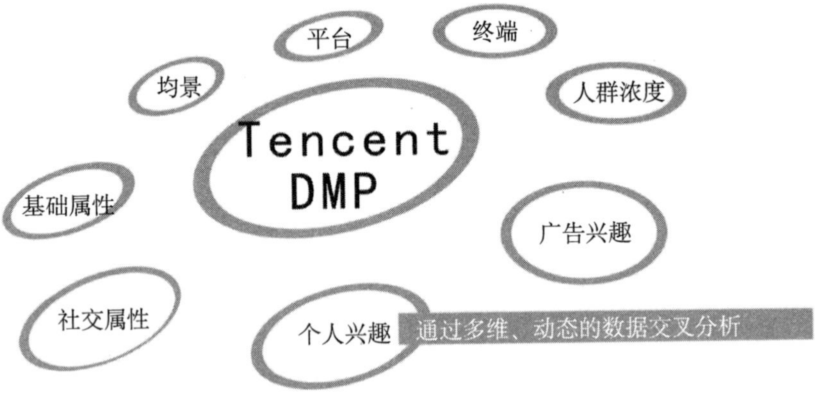

图 4—3 腾讯群聚 DMP 示意图

第二阶段：在投放初期反复分析广告点击人群的数据，不断验证和修正品牌的目标受众的定义，实现精准人群洞察。

第三阶段：将投放初期经过反复验证、修正的目标受众画像作为种子人群画像，运用相似人群扩展（Lookalike）技术①进行人群扩散，在腾讯全平台深度挖掘目标受众。

第四阶段：在投放的整个过程中，有规划地阶段性分析广告点击人群的数据，不断对目标受众画像进行微调纠正，实时优化投放标签与逻辑，提升精准度。

通过以上解决方案，腾讯帮助欧乐 B 实现了深入精准的人群洞察，提供的人群洞察报告符合客户预期。基于群聚 DMP 标签的精准投放帮助客户找到了目标受众，广告投放三个月之后实现了在目标受众人群中的品牌力

① 利用 Lookalike 技术能通过种子用户寻找类似人群，提升人群定向的精准度。

大爆发。

第三方（尼尔森）的调研数据显示，经过2015年4—6月共三个月的广告投放，iBrush的品牌力提升情况如下：

（1）认知度提升198.3%；

（2）喜好度提升111.6%；

（3）参与度提升320.7%；

（4）推荐度提升182.2%；

（5）预购度高达67.4%。

经过此次传播运动，在消费者对高端电动牙刷缺乏认知的情况下，iBrush抢占先机，在目标人群中建立了认知，引起了他们的兴趣和购买欲。

资料来源：改编自梅花网.2015Mawards最佳大数据营销创新奖金奖：腾讯群聚标签DMP[EB/OL].（2015-12-18）[2016-12-01].http：//www.meihua.info/a/65596.

讨论题

1. 腾讯群聚DMP有哪些特点？
2. 腾讯如何帮助欧乐B找到iBrush的种子用户？
2. 找到种子用户后，如何实现目标人群的扩散？

案例4—2 杜蕾斯："PC+移动"双平台精准营销

2014年7月，利洁时集团旗下的杜蕾斯品牌在互联网上推广持久装产品（Performa Intense）（见图4—4）。利洁时集团找到悠易互通（北京）广告有限公司进行合作，想要通过大数据分析开展精准营销活动。悠易互通是中国第一家实现广告实时竞价投放的需求方平台。在本次营销活动中，悠易互通需要精确找出杜蕾斯持久装在互联网传播中的受众，采用“PC+移动”双平台形式，通过精准投放，突出杜蕾斯持久装的产品性能，并在广告投放过程中积累用户数据，实时优化，提升传播效果。

图 4—4 杜蕾斯持久装产品

悠易互通首先对这一产品的目标人群绘制了画像，和以往通过小样本调研确定目标受众不同的是，在本次推广中将杜蕾斯官网收集到的访客数据和第三方大数据库（悠易、百度、秒针等）进行匹配，来确定网络推广的目标受众。根据 52 328 个匹配上的 cookie，最终确定杜蕾斯持久装的网络推广目标受众的特征为：年龄为 15～39 岁的男性；影视、大型网络游戏、动漫、网络小说/文学、社交为目标受众的核心兴趣；同时，杜蕾斯官网用户也对音乐、休闲游戏、汽车、娱乐、服饰、体育、家居等感兴趣，这类兴趣被定义为备选兴趣。

在确定杜蕾斯官网用户的特征后，悠易互通结合第三方大数据进行人群扩散，并分别尝试使用人口属性标签（15～39 岁男性）和兴趣属性标签进行测试，来比较不同人群标签的推广效果。

在本次推广中，悠易互通采用了创意递进策略，分别为产品创意、功能创意和促销创意。在广告投放初期采用产品创意，对所有目标受众进行投放。此版本的创意的着陆页是杜蕾斯官网持久系列的综述页面，目的在于加强产品认知；第二版的创意为功能版，针对点击过第一版的 cookie 进行定向投放，着陆页为杜蕾斯持久装的产品详情页，目的在于增进对产品的了解和偏好；第三版的创意为促销版，着陆页为杜蕾斯在一号店的电商平台，目的在于促进销售。

在项目执行中，悠易互通对数据实时监测和分析，并采用了四种手段进行优化，以提升本次推广的效果。

（1）人群标签优化。测试备选兴趣标签的效果。通过逐一测试增加备选兴趣对点击率的影响，发现服饰兴趣的点击率较低，而体育和家居兴趣的点击率较高。

（2）页面关键词优化。测试不同类型关键词定向对点击率的影响。发现包含相对宽泛的通用词/品类词的页面广告点击率较高，而仅有品牌词/产品词的页面广告点击率欠佳。

（3）时间优化。与通常互联网投放中暂停周末投放有所不同的是，在此次推广中，周末（周五到周日）的点击率要高于平时，这和产品本身的特点有关，反映了在周末时段，目标人群对此类产品的兴趣较高。

（4）算法优化。使用悠易互通 DSP 的“自动试探 + 自动优化”的组合功能，用机器学习的方式来提高效果。

第三方监测数据显示，在悠易互通以广告引流访客的过程中，99%的访客为杜蕾斯官网的新访客，二跳率为 44.04%，平均停留时间为 95 秒。本次大数据营销活动获得了较好的反馈，杜蕾斯持久装的产品销量上升。

资料来源：改编自艾瑞网．杜蕾斯：PC+移动双平台 程序化购买案例［EB/OL］.［2016－12－01］. http：//a. iresearch. cn/5133. html.

讨论题

1. 悠易互通如何帮助杜蕾斯找到新产品 Performa Intense 的目标人群？

2. 创意递进是一种什么样的策略？谈谈你对它的评价。

3. 悠易互通通过哪些手段来提升杜蕾斯精准营销的效果？

第5章

大数据驱动的产品、定价与渠道创新

ZARA的成功之道

ZARA公司的系统依赖于整个供应链中频繁的数据共享与交互，数据驱动着整个商业模式，对于数据的这种响应及有效应用决定了商品的竞争优势。

在ZARA的门店里，柜台和店内各角落都装有摄像机，门店经理随身带着掌上电脑，便于记录顾客的每一条意见，如顾客对衣服图案、扣子大小、拉链款式的偏好。门店经理将从店员那里获得的信息上传到ZARA内部全球资讯网络中，每天至少两次将资讯传递给总部设计人员，由总部作出决策后立即传送到生产线，改变产品样式。

2010年，ZARA同时在六个欧洲国家设立网络商店，增加了网络巨量资料的串联性。2011年，ZARA分别在美国、日本推出网络平台，除了增加营收，线上商店还强化了双向搜寻引擎、资料分析的功能。除了收集意见给生产端，让决策者精准找出目标市场外，还为消费者提供更准确的时尚信息，让双方都能享受大数据带来的好处。分析师预估，网络商店为ZARA至少增加了10%的营收。

资料来源：托马斯，马博兰．大数据产业革命：重构DT时代的企业数据解决方案［M］．北京：中国人民大学出版社，2015：78.

第1节　大数据驱动的产品创新

在任何一家成功的企业中，居于核心地位的一定是提供给消费者的产品。产品是企业的灵魂，企业若想基业长青，就必须持续提供令消费者满意甚至超出其预期的产品。大数据时代的到来，为企业的产品创新提供了新的契机。

一、制造智能化

以互联网为基础的新一代信息技术正在深入推动制造业的创新发展。作为实现智能制造的重要驱动力，大数据能够整合全部生产线数据，对生产动态建模、多目标控制流程进行优化，对物料品质、能耗、设备异常和零件生命周期进程进行监控预警，赋予设备和系统“自我意识”，从整体上大幅降低生产能耗，进而实现低成本、高效率的生产。因此，在一定程度上，车间的传感器所产生的大数据直接决定了“工业 4.0”所要求的智能化设备的智能水平。

在产品应用层面，企业通过生产携带传感器等装置的智能产品，实时采集、存储和传输大量有关用户使用和偏好的数据，让用户参与到产品的改进与创新之中，帮助企业及时改进产品功能，预先诊断产品故障，并根据生产需求的变化，在第一时间创新产品和改善服务。同时，还可在此基础上构建全新的商业模式，通过规模化定制，满足用户的个性化需求，为企业创造全新价值。例如，凭借一种名为“Nike+”的产品，耐克逐渐变身为基于大数据的创新公司。所谓 Nike+，起初是一种“Nike 跑鞋或腕带+传感器”的产品，运动者只要穿着 Nike+的跑鞋运动，iPod 就可以存储并显示运动日期、时间距离、热量消耗值等数据；后来，耐克又推出旨在面向非运动人群的 FuelBand 运动功能手环，该手环几乎能够测量佩戴者所有日常活动中消耗的能量；耐克还与知名导航产品供应商 TomTom 合作推出具有 GPS 功能的运动腕表、FuelBand 第二代产品 FuelBand SE 等，这些都是对其数据补给线的进一步完善。在耐克组建的庞大 Nike+生态体系中，数百万名活跃用户每天不停地上传数据，耐克借此与消费者建立了前所未有的牢固关系。同时，海量的数据为耐克深入了解用户习惯并在此基础上改进产品提供了可靠依据。

二、产品定制化

在以往的工业社会中，标准化作业一直是大企业安身立命之本，同时也是很多中小企业追求的目标。大型企业追求规模上的扩张，以求达到规模效应，进而实现低成本大量生产。然而随着时代的进步，这种千篇一律的标准化作业已经不能满足高端客户的需求，甚至很多中低端客户也希望能够获得私人定制的待遇。分析其原因，主要是随着互联网特别是移动互联网的不断发展，每一个体的需求得以释放。在移动互联网时代，每位消费者都是独一无二的个体，他们有自己独特的思想和特殊的偏好，但这些独特的需求却往往在标准化作业下被漠视，甚至被完全抹杀。如今，如何满足消费者的个性化需求，成为每一个企业不得不思考的问题。大数据技术的迅猛发展，让产品的定制化生产成为可能。

在高度市场化的今天，市场上每一类产品都有众多的生产厂家，这些厂家所提供的产品大多差别不大，生产进入过剩的时代。在众多的产品提供者面前，消费者开始有了精挑细选的资本。尤其在技术日新月异的今天，消费者获取商品信息变得十分便捷，他们在购买商品时会不断比较不同厂家产品的异同，从众多的备选中找到最切合自身需求的产品，从而实现自我个性的展现和独特需求的满足。

身处大数据时代，企业有更多的机会去了解客户，准确把握消费趋势和市场变化走向，从而提供最能满足客户需要的产品。例如，2014 年阿里巴巴旗下的天猫电器城宣布包下美的、九阳、苏泊尔等 10 家知名小家电品牌的 12 条生产线进行“C2B 定制化生产”，它将这 10 家品牌商此前在天猫电器城的销售数据和收集到的客户评价等多维数据反馈给品牌商，商家经过仔细权衡后对产品进行改进和定制，给天猫提供专门的生产线进行生产。比如，九阳豆浆机就在定制生产线上面向 25～35 岁的主流网购懒人族新增免滤速磨功能；美的电饭煲针对消费者评价中反馈的“产品易脏”的缺点，改进为全钢外观设计，受到市场的欢迎。

服装品牌青岛红领则更进一步，把“工业化”与“定制”完美结合，用规模化工业生产满足个性化需求，一天生产数千件西装和衬衫，但在众多的生产线上却找不到两件完全相同的衣服。红领采用的是顾客对工厂（customer to manufactory，C2M）模式：首先给顾客量体，采集消费者 19 个部位的 22 个数据；然后用大数据系统替代手工打板，在所有细节上实现个性化定制；最后基于数据化和自动化完成服装生产。任何一个红领的顾客一周内就能拿到所需的衣服，而传统模式下却需要 20～50 个工作日。整个定制生产流程称为红领西服个性化定制（RedCollar Made to Measure，RCMTM），包括 20 多个子系统，全部以数据驱动运营。这套系统是在对红领过去十几年 200 多万定制服装的顾客的数据进行深入分析后研发设计的，每一项数据的变化都会驱动近 10 000 个数据的同步变化。该模式充分发挥了智能制造的威力，实现了个性化定制的大规模工业化生产，从而增强了企业的市场竞争力。

此外，利用大数据，内容产品也可以做到定制化。比如，视频网站爱奇艺根据用户所在地区、登录时间、浏览记录等信息，给每一个用户的收视兴趣建立模型，有针对性地向其推荐内容，首页推荐内容的命中率达40%，推荐所产生的播放量占比高达50%。在网络媒介内容日益丰富、时间成本越来越高的大数据时代，用户不愿将大量时间浪费在节目搜索上，而爱奇艺所实施的优质内容首页推荐战略不仅有效降低了用户的时间成本，而且强化了观看体验，提高了用户对爱奇艺的满意度，为企业带来了巨大的效益。①

三、服务个性化

大数据时代的企业有更多的机会去了解顾客的需求，海量数据的支持让昔日的个性化服务有了更好的延伸和更大的价值。首先，企业需要在庞大的数据库中找出最具有含金量的数据；其次，把相似的用户分为一类，设计具有针对性的服务。个性化用户的单位可大可小，大到一个有同样需求的客户群体，小到每一位用户个体。

对于普通人来说，大数据似乎很遥远，但它的影响无处不在：信用卡公司追踪客户信息，能迅速发现资金异动，并向持卡人发出警示；电信公司追踪客户行程动态，区域化推送有关旅游或商务信息；当客户因为某个问题联系客服代表时，客服代表总能获得客户的历史记录，并根据分析给出解决问题的最佳办法……这些都与大数据有着千丝万缕的联系。

---

① 蒋雯．爱奇艺大数据营销的三大特色［J］．传媒，2006（8上）：51-52.

标准化服务的最大弊端就在于，企业把所有顾客当作一个顾客来对待，而当顾客发现有其他可以满足自己需求的服务时，就很容易“移情别恋”；个性化服务则能更好地满足消费者个体的独特需求，提升消费者的品牌忠诚度。例如，婚恋平台世纪佳缘与中科院心理研究所联合研发的“懂你”系统就利用大数据帮助用户快速找到匹配的对象。这个系统在一定程度上是模仿红娘的做法，收集用户的个性化信息（如用户的浏览轨迹和填写恋爱问卷的数据等），将适合的双方进行匹配，从而实现个性化和高效率的速配。世纪佳缘还采用了“人脸识别”技术，帮助用户快速找到“梦中情人”，匹配“夫妻脸”，满足了用户个性化的择偶需要。

面向未来，各个行业的服务在大数据的支持下都将向更为个性化的方向转变。比如在教育方面，随着慕课[①]的逐步普及，我们能够收集过去不可能集聚起来的在线学习大数据，从而实现迎合学生个体需求的个性化教学。[②]

第2节　大数据驱动的定价策略

产品价格是影响交易成败的重要因素，同时又是营销组合中最难以确定的因素。企业定价的目标是促进销售，获取利润，这要求企业既要考虑成本的补偿，又要考虑消费者对价格的接受能力，从而使定价策略具有买

① 慕课即大规模开放式在线课程（massive open online course，MOOC）。

② 维克托·迈尔-舍恩伯格，肯尼思·库克耶．与大数据同行：学习和教育的未来［M］．上海：华东师范大学出版社，2015：104.

卖双方双向决策的特征。此外，价格还是营销组合中最灵活的因素，它可以对市场作出灵敏的反应。因此，定价策略的采用对于企业来讲十分重要。

在传统的营销学理论中，定价策略一般有以下几种：成本加成定价法、竞争定价法、认知价值定价法、撇脂定价法、渗透定价法、价格歧视定价法等。不同的企业根据自身的实际情况，采用对企业发展最有利的定价策略。这些定价策略为营销活动提供了指导，但是这些定价策略是基于市场预测提出的，企业并不能获得消费者对产品定价的全部反馈。如果企业充分利用与消费者互动过程中获得的海量数据，得到消费者对产品定价的反馈，就能制定合适的价格，并获得相应的回报。大数据为企业带来了一些新的定价思路与模式。

一、个性化定价

如今，网络购物正进入个性化时代，以客户为中心的个性化定价是未来的一个发展趋势。个性化定价是指在认识到每个顾客均具有个性化需求的前提下，企业以顾客的个体信息为基础，针对顾客的特定需求调整企业行为，它是在顾客需求的差异化日益显著的背景下产生和发展起来的。

随着信息技术的日新月异，电商企业进行个性化营销的能力不断提升。利用互联网、信息采集和计算机技术，电商企业可以及时地将顾客信息导入数据库，对数据进行分析，从中发现顾客的购买行为模式，为其制定个性化的营销方案。由于顾客在品牌忠诚度、价格敏感性等方面存在差异，他们在面对相同产品时，感受到的价值是不一样的，愿意支付的金额也不同。因此，如果能够识别出每位顾客的支付意愿，企业就可以针对每位顾客制定个性化的价格。

个性化定价主要具有以下特点：

（1）个性化定价需要对顾客个体数据进行精确分析。在精确分析的基础上，可以识别每位顾客的支付意愿，从而为他们制定不同的价格。电子商务网站在这方面具有先天优势，能够比传统零售企业更方便地收集在线顾客的数据，包括年龄、性别、地区等个人信息，以及产品浏览和购买信息等，利用各种智能算法工具对这些信息进行分析挖掘，获得准确的顾客支付意愿信息。

（2）个性化定价能够为电商企业挖掘"隐藏利润"。个性化定价可以从愿意支付高价的顾客身上获得超额利润，并且用低价吸引顾客，对于电商企业增加利润具有重要作用。

（3）个性化价格能够提高在线顾客的忠诚度和满意度。个性化的定价方案把每个顾客看成一个细分市场，从而真正实现一对一营销。因此，接受个性化价格的顾客会感受到企业对个体的关注、对个性的尊重，从中获得极大的满足。

企业实施个性化定价，首先需要确定公平原则。虽然个性化定价可以在很大程度上增加企业利润，但很多企业在决定是否采用时却举棋不定，其中一个疑虑是：顾客会不会觉得个性化的价格不公平？如果采用个性化的价格，却引起了顾客的不满和反对，这个策略将得不偿失。那么，该如何解决这个问题呢？在注重公平的基础上，我们可以通过下面的步骤来实现：

（1）了解顾客支付意愿。对于任意一个产品，企业需要了解不同的顾客愿意支付的金额。

（2）确定目标顾客。在了解顾客支付意愿的基础上，确定目标顾客，以获取最大化利润。例如，埃森哲公司的"个性化定价工具"能够在现有存货、商品利润率等信息的基础上，利用遗传算法[①]帮助企业决定把商品提供给哪些顾客，以增加企业利润。

（3）制定差别化定价策略。在以上两步的基础上，设计差别定价（价格歧视）的机制，对不同的顾客提供不同的价格或者商品优惠。

（4）实施个性化定价策略的企业需要对商品价值进行分割，使支付不同价格的顾客享受到不同的服务，得到不同的商品价值。

要公平地做好个性化定价，可以根据顾客的支付意愿以及顾客的其他属性（如年龄、性别、位置等）确定产品的价值分割方案，为顾客提供适合其心理价位的产品与服务组合。

例如，为价格敏感的顾客推荐“慢递”，但价格比较低；为价格不敏感的顾客推荐高价值的附属服务。比如在销售电影《2012》的 DVD 光盘时，商家通过历史数据了解到 A 顾客的支付意愿是 60 元，而 B 顾客的支付意愿是 40 元。可以将观看电影时间的价值和电影内容的价值分割开，B 顾客在第一时间购买《2012》光盘只需要支付 40 元，但是在两周之后才能收到货；而 A 顾客支付 60 元，在第二天就可以收到货。这样顾客就不会觉得不公平，同时商家也扩展了消费者群体，实现了利润最大化。

正式上线仅一年就被沃尔玛以 33 亿美元的高价收购的电商网站 Jet. com 也采用了类似的个性化定价机制。Jet 承诺该网站上的商品价格比亚马逊和其他地方的价格低 10%～15%，主要依赖于其定价软件。该软件在定价时综合考虑了商品的送货距离、支付方式以及客户的订单金额等。同时，Jet 给用户更多的价格方面的自主控制权。用户可以有几种方式让商品的价格变得更低，包括尽量从同一分发中心购买多件商品（降低分

---

① 遗传算法是模拟达尔文生物进化论的自然选择和遗传学机理的生物进化过程的计算模型，是一种通过模拟自然进化过程搜索最优解的方法。

拣、包装和运输成本)、放弃退货的权利、用借记卡而非信用卡付款等，如果用户在购买商品时同时选择了上述几个选项，商品的最终价格将变得非常低。这一独特的定价模式获得了众多专业投资机构的青睐，也在短时间内笼络了一大批忠实用户。

再如，办公用品零售业巨头史泰博（Staples）官方网站 Staples. com 上的同一款商品，会根据访客住所的不同位置而展现出不同的价格。事实上，史泰博的定价与竞争对手实体店的位置有关。如果你住在一家竞争对手——比如麦克思办公（Office Max）或欧迪办公（Office Depot）——的连锁店附近，史泰博就会向你展示一个较低的网上价格，让你从史泰博购买，而不在其竞争对手的实体店购买。一些消费者通过提供位置信息可能以更低的价格买到自己感兴趣的商品，对这种做法一般不会反感。①

二、动态定价

“双十一”是中国消费者一年一度的购物狂欢节，在消费者争相把看中的商品放入购物车时，各家公司也在绞尽脑汁展开价格战。为了吸引更多的消费者光顾自己的网站，在低价的同时保障利润，各大商家利用软件系统监控对手，并且每天多次调整价格。

随着电子商务的崛起和各种数据分析工具的诞生，零售商对竞争对手的反应前所未有地快速和准确，在竞争对手出价后数秒就能马上跟进。传统零售商被迫转型，跟随电商的弹性定价。价格战不再只是拼低价，而是成为数据挖掘和策略制定的系统比拼。

---

① 施韦德．大数据经济新常态：如何在数据生态圈中实现共赢［M］．北京：中国人民大学出版社，2015：125.

1. 动态定价的起源

20 世纪 90 年代，航空公司会根据一架航班的空余座位数和竞争对手的票价不停地改变机票的价格。酒店很快跟进，推出了它们的“收益管理”系统，随时改变客房价格。现在，网络零售商也在使用具有类似功能的软件，目的之一就是要维持最低的价格——哪怕只低一分钱，这样当买家在进行价格比较时，它们的商品会出现在搜索结果最前面的位置。

在软件时代到来之前，企业根据竞争对手的标价来调整价格的行为就已经存在，当时商店会派员工到竞争商家的店里去手工抄录价格。电子商务发展起来后，各家企业就通过浏览竞争对手的网站来调整价格。大数据时代的到来为大规模快速地调整价格提供了可能。利用大数据技术，企业在发现价格出现差异——比如一件商品的价格比竞争对手高 5%时，就能很快地进行价格调整。当然，价格调整也是双向的。如果一家公司发现自己销售的某件商品的价格比竞争对手低很多，就可能会提高价格，以保持和市场价格水平一致。

2. 排名机制对动态定价的推动

价格调整比较频繁的是在淘宝上销售产品的网店。淘宝鼓励在其网站上销售商品的零售商之间展开激烈的竞争，争夺搜索结果的榜首位置。比如，一家儿童服装店为了保住在淘宝搜索排名中的领先位置，使用软件每隔一段时间就修改一下部分商品的价格。

对于那些在淘宝网上销售商品的店主来说，拥有最低的售价是跻身令人羡慕的购物推荐榜的最快途径。那些在搜索排名中处于比较靠前位置的商品，有 95%的机会被买家选中。

3. 大数据分析让大规模动态定价成为可能

对于那些大型零售企业来讲，每天销售的产品数以万计，如果靠人工的方式动态调整价格，工作量巨大。大数据时代的到来令数以万计的产品的动态价格调整成为可能。例如，梅西百货采用动态定价机制，根据需求和库存的情况，对多达 7 300 万种货品进行实时定价。

提供价格调整软件的 Merent 公司称，其软件一小时内可以修改 200 万件商品的价格，该软件会根据各种不同因素（比如竞争对手的价格、销售额等）来定价。零售商自行设置价格调整的时间和频率、要跟踪的产品及可以忽略的竞争对手。价格变化最频繁的是家用电子产品、服装珠宝和洗涤剂、剃须刀片之类的居家用品。频繁修改价格促进了销售，但也需要注意价格底线。因此，可以在软件里设定与竞争对手的价格优势比例，然后设定一个不能逾越的价格底线，再将竞争对手设定为那些选定的商家，这样价格调整就可以处于保证商家获得一定利润的水平上。

滴滴出行也采用了动态定价的策略。其动态调价系统能够通过计算用户所在区域内车辆和打车需求的实时比例，计算运能的紧缺程度，结合用户订单自身的属性，得出该订单的成交概率。如果订单的成交概率过低，系统就会根据历史数据和当下情况计算出一个建议的价格。这个数据会阶段性调整，通过机器学习来完善算法。这种定价方式的本质是由市场实际的供需关系来决定价格的波动。

第 3 节 大数据驱动的渠道优化与变革

渠道是商品的流通路线，让厂家的商品通过中间商卖向不同的区域，以达到销售的目的。大数据时代的到来为厂商的渠道优化与变革提供了新的思路。

一、大数据驱动的渠道优化

在渠道规划中，通过大数据分析可以发现其中的特征与趋势、问题与短板，如果有针对性地进行整体布局和优化，就能达到提升企业销售业绩的目的。

比如，阿迪达斯的产品线十分丰富，过去在面对展厅里各式各样的产品时，经销商很容易按个人偏好下订单。如今，阿迪达斯会用数据说话，帮助经销商选择最适合的产品。比如，一、二线城市的消费者对品牌和时尚更为敏感，可以重点投放采用前沿科技的产品、经典系列的运动服装以及设计师合作产品系列；在低线城市，消费者更关注产品的价值与功能，诸如纯棉制品这样高性价比的产品在这些市场会更受欢迎。阿迪达斯还会参考经销商的终端数据，给予更具体的产品订购建议。比如，阿迪达斯可能会告诉某低线市场的经销商，在其辖区，普通跑步鞋比添加了减震设备的跑步鞋更好卖；至于颜色，比起红色，当地消费者更偏爱蓝色。

再如，作为一家以北上广等一线城市为发展重心的快递公司，顺丰快递鼓励公司的内部员工回乡创业，到家乡的三、四线城市，甚至是农村去开设快递网点。但这一布局面临很多问题。首先就是运营成本高。虽然我国目前已基本实现了全国范围内的村村通公路，但很多地方的农村地形比较复杂，不像城市那样道路平坦。此外，三、四线城市以及农村地区通过网络购买商品不像一、二线城市那么普及，快递的网点比较分散，效益很难得到保障。尽管如此，顺丰通过对整个运营网点的大数据进行分析发现，三、四线城市以及农村市场是顺风快递的短板；而从另一份大数据的分析结果来看，这些地区的居民收入在快速增长，增长幅度已经超过了

一、二线城市。随着收入的提高以及国家信息化建设的发展，这些地区的网络普及率也在快速提高，网络购物逐渐成为流行的趋势。通过对这些大数据的分析，顺丰管理层得出的结论是：我国三、四线城市以及农村地区将成为未来快递市场的重要组成部分，而且将会是未来快递市场获得增长空间的主要来源，如果不早做布局，一旦被对手抢占先机，公司在这一块市场将没有竞争力。因此，尽管面临许多困难和问题，这一发展布局却势在必行。

正是通过对多年运营所掌握的数据进行分析和解读，顺丰快递的决策层看到了三、四线城市和农村地区在未来快递市场上的巨大发展潜力，这些潜力一旦被挖掘，将带来不可估量的经济效益。面对这样的市场前景，顺丰快递的管理层下决心要让公司的快递服务走完这“最后一里路”，实现真正的网点全覆盖。因为他们坚信，这一块市场将成为未来行业竞争对手争夺的焦点，也是快递行业未来发展的重要引擎。

由此可见，一个优秀的企业，一定要学会使用大数据来为企业渠道布局提供支撑。大数据虽然只是之前情况的反映，却是最客观的反映。用大数据分析的手段，能较为准确地为决策提供辅助支撑，从而使决策更加科学化、规范化，也更加具有前瞻性。这样的企业才能真正走在市场前面，在激烈的行业竞争中比对手领先一步，成为未来市场的优胜者。①

二、大数据驱动的渠道变革

大数据时代，传统渠道已经站在变革的关口。企业自建渠道尤其是电商渠道正逐渐壮大，但经营成本也在不断上升；飞速发展的互联网、物联

① 赵明辉，彭晓东．一本书读懂大数据营销［M］．重庆：重庆出版集团，2015：39－41.

网缩短了企业与用户之间的距离，企业的用户运营模式越来越成熟，传统渠道的掌控力度将会越来越弱；在互联网环境下，传统渠道的消费者及其消费习惯逐步迁移，线上购物方式越来越受到消费者的欢迎，传统渠道面临巨大的变革压力。

面对互联网渠道的强势冲击，传统渠道无须恐慌，而是要找准突破点，提供本地化服务和极致的用户关怀，积极探索以用户为中心的区域性电商或互联网化的服务模式，逐步实现渠道下沉和全渠道运营落地；另外，要积极运用大数据思维来整合渠道资源，只有把不同渠道的数据进行整合和融汇，才能精准把脉消费趋势。

例如，天虹商场在2014年底推出“天虹微品”全员销售APP，通过精选商品传送至手机端，员工“店主”可以根据需要在自己开设的网店编辑商品，再利用微博、微信、QQ等社交工具将商品分享到自己的社交圈，提供服务，促进销售。天虹商场通过大平台提供商品和支持服务的同时，进行线性的大数据分析，推荐爆款商品；员工作为小前端，则在此基础上根据自己面对的客户迅速做出调整，实现了有效的大数据应用互动。

案例5—1 尚品宅配:大数据驱动的C2B模式

2015年2月，刚过完年，广州天河区一位打算买家具的王先生在尚品宅配的电商官网看到“全屋定制”的服务后，决定在这家网站上预约“上门量房设计”。两天后，尚品宅配的专员联系王先生上门量房。又过了3天，一套免费的家具设计方案就完成了，王先生过目之后很满意，提了几个细节的修改意见之后就签订了装修合同。15天之后，尚品宅配的工作人员联系王先生，家具材料已经到广州，可以送货上门和安装了。又花了4

天的安装时间，王先生的新家具安装完毕。

从网上预约到安装完毕，花了不到一个月的时间。其中只有4～5天时间花在王先生的家中，其余时间都花在门店、工厂和配送的路上。而整体的费用只是整个家具市场的中档水平，比传统的定制低了接近一半。这是广州一家名为“尚品宅配”的家居企业的定制业务模式，这样的装修流程，每一天都在中国的各个城市发生。

定制：大数据驱动的C2B模式

定制和规模化从来都是位于现代消费的两端，前者是一个高端消费的代名词，后者则往往意味着平价、大众和标准化。对于所有定制类业务而言，个性是其中高附加值的最终来源，但也是妨碍业务几何级增长的绊脚石。因为在定制的过程中，有太多需要让个体消费者满意的细节，这些细节足以让任何一条大规模标准化生产线叫苦不迭。

但在尚品宅配看来，个性与共性并不矛盾，为几万个不同的户型配备合适的家具确实很耗时耗力，不可能有足够的设计师来完成任务。但是从户型这一层往下分，可能所有房子的卧室、客厅、厨房的布局都差不多，在这一基础上，要配置的衣柜、橱柜、台面、电器、床等家具又有很多共性，如此化整为零，一个户型拆分，对每一部分配套方案的要求就大大降低了。

2007年，尚品宅配董事长李连柱做了一个在旁人看来有些匪夷所思的决定：他打算把所有楼盘的数据都收集起来，建立“房型库”，然后据此降维到可标准化的层次上。他坚信，虽然中国楼盘千千万万，但是户型的种类要远远少于这个数量，而房间的类型可能更少。

为此，他亲自带队到北上广深等城市，收集楼盘、房型数据建立“房型库”。综合统计分析下来，全国这么多的房子，其实只有大约 100 种卧室和 70 种客厅。他眼中看到的不再是一整套一整套的房子，而是一个个独立的房间，一件件配套的家居，甚至是一块块独立的木板。

再往后的日子里，这个数据库从单一的房型库扩展到房型库、产品库、设计库三位一体，相互打通成为“云设计库”（见图 5—1）。一位顾客只要告知所在城市、楼盘、房价、收入、年龄等信息，设计师就可以在系统中找到过去 3 个月、半年、一年内类似顾客中受欢迎的几十上百套方案作为参考。如果顾客在价格、样式、颜色、布局等细节上有任何要求，只需要在现有方案上进行微调即可，设计流程非常快。

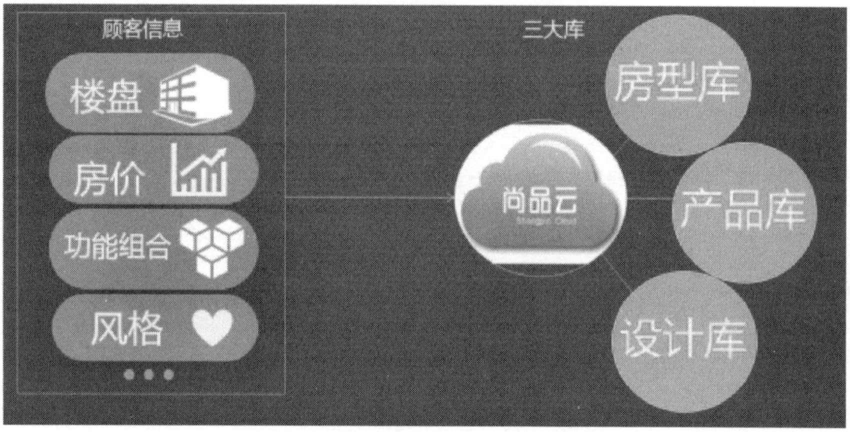

图 5—1 尚品宅配的“云设计库”

每一套新方案又会上传至数据库中，成为后来者的参考。这样不断滚动，短短五六年时间，尚品宅配为全国近 3 万个楼盘、40 多万户家庭提供了近 30 万种个性化方案。

在受房地产行业低迷影响而增长乏力的家具行业，尚品宅配仍然能够实现 60%的年复合增长率，仅广州的一家体验店在 2014 年就实现了 2 亿元营业额，这样的业绩不能不说是源于极其高效、快速的 C2B 定制模式。

生产：“所有的环节都是电脑指挥人”

对顾客而言，尚品宅配的大数据云设计库、快速完成的家具定制是他们能够看到的最显著特征，但在这背后需要一条社会化的柔性供应链来实现。

与设计批量户型的思路相同，尚品宅配对个性化生产也进行了降维处理，将整件家具的生产转换成一个个零部件的生产，经过总部的订单管理系统统一分配调转。整个生产过程控制在10～15天，各地门店收到配件后就全部送到顾客家里，并根据固定的组装程序一步步进行组装，短短两三天就能完成安装流程。

借助条码扫描，尚品宅配得以实现社会化协作的柔性供应链。在生产流程上，不管是工厂作业、资源调配还是供应商供货，都可以依照系统显示的订单要求执行，几乎不需要人工沟通的环节。所以，这一条供应链，与其说是人借助了信息化工具，不如说是电脑指挥人。

尚品宅配的成功可以向其他制造业同行展现一点：信息化和大数据已经无可争议地成为制造业转型最重要的两根支柱。离开了这两根支柱，无论如何也不可能满足消费者日趋多样的个性化需求。

资料来源：改编自品途网．尚品宅配：大数据驱动的C2B模式，连阿里巴巴都羡慕［EB/OL］．(2015-03-31)［2016-12-01］．http://bigdata.idcquan.com/faal/69057.shtml.

讨论题

1. 尚品宅配的C2B定制模式为什么能取得成功？
2. 你对“所有的环节都是电脑指挥人”如何理解与评价？
3. 尚品宅配的成功给中国制造业转型提供了哪些借鉴？

案例 5—2 汽车巨头福特的大数据之路

“数据将让你自由”，是艾伦·穆拉利（Alan Mulally）2007 年就任福特汽车公司 CEO 后常说的一句话。当时，福特汽车公司如同一艘正在下沉的巨轮，亏损连连，找不到方向。如今，穆拉利的这句话已成为这家汽车制造商的口头禅。

的确，数据分析已经渗透到福特公司的每一个活动中，从预测商品的价格到理解消费者真正需要什么，从公司应该为客户生产哪种车型，到这种车型应该采购哪些零部件，再到是否需要新增轿车和卡车的车型，等等。而背后支持这些活动的就是福特公司近 200 名大数据分析专家，他们分别来自不同学科，在福特称为卓越分析中心的部门工作，他们会参与福特公司各个部门的工作，包括营销、研发以及信贷服务等。

毫无疑问，对于所有汽车制造商而言，数据分析都是一个重要的竞争工具，无论是对客户需求、汽车性能和生产过程进行分析，还是提升产品质量、预测市场等，都离不开数据分析。而福特的数据分析侧重于对客户的偏好分析。

福特对数据分析投资所得到的最大回报主要集中在三个方面：确定客户想要什么，管理车辆的复杂性，以及将恰当配置的汽车交付给合适的经销商，以确保在特定地理区域的客户可以买到想要的车。

将合适的汽车交付给合适的经销商

要做到把合适的车交给合适的经销商，福特就必须整合和分析多个数据流，包括它已经生产并售出的车的相关数据，已经销售但还在库存中没有提走的车的相关数据，以及访问公司网站搜寻汽车相关配置的数据。然后，把这些数据与经济数据（包括就业率等）相结合来预测整车的销售情况。福特公司将该系统称为智能库存管理系统或 SIMS 。

实际上，SIMS 被公认为福特实现转机的一个关键因素，其中重要的是了解客户最核心的喜好，然后对公司的各种车型进行梳理和简化，而不是建立一个非常广泛的车型与功能的组合。其最终目的是，保证生产出来的是大多数客户在大多数情况下最希望拥有的车型。

福特经销商也从福特的数据分析中受益。福特的约 3 500 家经销商每周会收到报告，那些订阅 SIMS 相关信息的经销商反馈说，它们能够以更高的价格销售汽车，销售速度也更快。

大数据分析才上路

不过，福特的分析专家说，他们才刚刚开始触及一点大数据。在汽车行业，大数据的下一个应用前沿是车辆本身的数据流。

由车辆产生的数据量是巨大的。福特的一款插电式混合动力汽车油耗 108 英里/加仑，而它每小时能生成 25GB 数据。公司会收集客户的每一次充电信息，这样就知道他们在哪里充电，他们开了多远，其中多少英里是电力驱动的，多少英里是汽油驱动的，以及他们是否经常出行。这些数据会帮助企业定义下一个产品。这种数据的收集也是非常有价值的，尤其是当它们与来自社交媒体网站的其他数据相结合时。

福特还会给客户提供一份报告。客户每个月都会收到一个链接，这是一个定制的月度报告，其中详细说明了他们的驾驶情况以及车辆本身的性能。

与物联网结合

福特的分析团队的专家预计，越来越多的车辆数据将与其他类型的内外部数据通过物联网相结合。这可能使客户在未来根据自己的需要来调整汽车引擎，选择合适的时间给自己的车充电以获得更低的折扣。

未来的可能情形是，车辆成为一个移动的传感器平台，与路上的传感器或路灯相连，来监控交通状况、天气状况和能源使用。然后，这些信息可以传给车辆并指导交通。同时，从嵌入周围环境的传感器获取信息，以更好地了解如何对车辆进行调整，或对业务流程进行优化。

资料来源：改编自阿里云资讯．汽车巨头福特的大数据之路［EB/OL］．(2014-12-18)［2016-12-01］．https：//www.aliyun.com/zixun/content/2_11_472269.html.

讨论题

1. 福特汽车公司是如何利用大数据进行运营的？

2. 结合实例谈谈你对福特公司首席执行官艾伦·穆拉利“数据将让你自由”这句话的理解。

3. 物联网将为汽车行业的大数据应用带来哪些影响？

第6章

大数据广告：程序化购买

“双十一”的意外收获

大四的李楠是个足球迷，每逢有比赛的时候，一定会通过网页或者视频软件观看比赛直播。作为狂热的球迷，他的衣服也都是自己所喜爱球队的队服。在观看比赛的间隙，他也会到购物网站逛逛，看看有没有新的队服或者球鞋。

“双十一”期间，李楠想趁着促销活动买一个想要很久的鼠标。当他点击进入电子设备专区时，发现这里居然有某运动品牌的广告，而且正是他所喜爱球队的赞助商。禁不住诱惑的李楠点击了广告链接，进入该运动品牌的网店。受促销活动的影响，加上自己也喜欢运动装，原本只打算购买鼠标的李楠在“双十一”期间又买了一个运动背包。

第1节 程序化购买的定义及流程

引例中李楠的这种购物体验在我们的日常生活中越来越普遍。当我们观看视频、浏览网页、刷微博或者玩网络游戏时，会发现出现的广告几乎都是为自己量身定制的，广告内容都是自己曾经浏览或者感兴趣的东西，这正是大数据背景下程序化购买的表现形式之一。

一、程序化购买的定义

从1994年第一个互联网广告诞生至今，短短20年的时间，互联网广告迅猛发展。从广告的样式到广告的展示环境，以及流量的售卖方式，都发生了巨大的变化。在整个发展过程中，广告投放逐步从粗放式向精细化过渡，使得流量变现能力、广告主的投资回报率和用户体验同步提升。①

"我知道我的广告有一半是浪费的，却不知道是哪一半"，是出自广告大师约翰·沃纳梅克（John Wanamaker）的名言，经常被广告主引用。试想，如果一家人特别喜欢看亲子类电视节目，那为什么不多推送些亲子产品的广告呢？在传统广告时期，这个问题难以解决；而在移动互联网时代，人们的消费行为越来越碎片化，在海量的消费者信息中确定目标客户的画像与定位，成为广告主的迫切需要。市场的需要，加上信息技术的成

---

① 赵勇，林辉，沈寓实，等．大数据革命——理论、模式与技术创新［M］．北京：电子工业出版社，2014：37－38.

熟，使代表数字营销领域规模化、精准化、程序化趋势的程序化购买应运而生。

程序化购买（Programmatic Buying）是指通过广告技术平台，自动地执行广告资源购买的流程，即资源的对接、购买过程都呈现自动、自助功能，通过实时竞价（Real-Time Bidding，RTB）和非实时竞价（Non-RTB）两种交易方式完成购买。与传统人力购买广告方式不同，程序化购买通过编写程序建立规制和模型，在对数据进行分析的基础上，依靠机器算法自动进行广告购买并实时优化，“人力”在广告投放中的作用明显减弱。[①]

二、程序化购买的兴起背景及发展

1. 程序化购买的兴起背景

广告业从单纯的信息传播开始，经历了漫长的发展并成为一种产业。我国的广告产业伴随着20世纪80年代国家经济的发展而迅速成长。2015年中国广告经营额已达5 973.41亿元。广告产业的动态发展遵循着从传播技术到媒介形态再到广告形态的逻辑。大数据技术的兴起与应用对广告业产生了重要的影响。

从媒介形态来看，传统广告所依托的媒介形式（如报纸、杂志等）逐渐走向衰落，互联网尤其是移动互联网成为主流。从消费者来看，社交媒体的崛起首先带来消费者注意力的分散，人们的时间越来越碎片化。同时，网络时代成长起来的消费者追求个性化的产品与服务，而传统媒体时代广告不区分消费者进行大范围的投放，容易引起人们的反感。从广告

---

① 鞠宏磊．大数据时代的精准广告［M］．北京：人民日报出版社，2015：63.

主来看，越来越多的广告主开始意识到，被动等待消费者注意到自己的广告形式已经与大数据时代脱节，他们转而通过分析消费者的兴趣爱好及消费习惯，主动为其推荐“可能需要的产品”。这些转变都为程序化购买的兴起提供了必要的条件。

2. 程序化购买的发展

作为程序化购买模式的发源地，美国程序化购买的发展水平处于世界领先地位，其产业模式与发展趋向也深刻影响着全球程序化购买的发展进程。

美国互联网市场从20世纪90年代发展至今，已经形成了一个分工明确、高度细分的成熟市场。除了整个程序化购买产业链中作为基础设施的Ad Exchange（广告交易平台）、DSP（需求方平台）、SSP（供应方平台）外，为进一步提升产业整体的运营效率与营销效能，围绕程序化购买衍生了更加多元与丰富的产业角色，包括独立的数据供应商、数据管理商、创意优化服务商等。美国成熟的互联网广告产业为程序化购买的发展与成熟奠定了基础，而高度成熟的产业链推动了程序化购买规模的增长。

2010年底，国内网络广告服务商受到国外程序化购买的启发，开始在中国市场部署程序化购买。2011年9月，阿里妈妈对外发布Tanx营销平台，谷歌随后宣布在中国推出DoubleClick Ad Exchange，进一步助推了中国程序化购买的发展浪潮。随后，腾讯、新浪、百度等的广告交易平台如雨后春笋般出现。可以说，中国程序化购买的快速发展是建立在Ad Exchange迅速发展基础之上的。

自2012年开始，中国的程序化购买快速发展，DSP市场快速崛起，众多DSP产品上线并开始尝试多元化布局，部分移动DSP陆续上线。进入2013年，DSP投放技术趋于成熟，市场反应热烈。移动端程序化购买逐渐凸显。随着移动流量的激增以及广告主预算向移动端不断倾斜，如何在移动端进行程序化购买逐渐成为行业关注的焦点。移动端用户的行为更为多样，广告定位和投放的难度较 PC 端更大，而且第三方 DMP（数据管理平台）、Data Exchange（数据交易平台）等环节发展尚不成熟。

未来随着经验的积累和投入的加大，广告主会更广泛地在 PC 和移动端进行程序化广告投放，尤其是在 PC 端日益成熟的基础上，移动程序化购买会逐渐走向标准化，程序化购买将进入成熟期。

三、程序化购买的流程

想象一下这样的一个场景：有位广东地区的女性用户，12 月 1 日在京东网上搜索过“iPhone 手机”，12 月 3 日在聚美网上搜索过“美即面膜”，12 月 4 日点击过本田汽车的广告。此时有三家广告代理公司 A，B，C，A 代理公司有个客户是 iPhone，B 代理公司有个客户是美即，C 代理公司有个客户是本田。当这名女性用户再次访问媒体的网页时，广告竞价平台告诉这三家代理公司：我这边有个用户，是广东地区的女性，分别在 12 月 1 日、3 日、4 日浏览过 iPhone、美即和本田的广告，然后这三家代理公司都认为这个用户很符合它们对广告受众的定位，分别给出一个竞价，广告竞价平台通过比价，选择出价最高的那个客户（假如是广告代理公司 C 的客户本田），于是本田汽车的广告就得以在这位女性用户的面前展示。虽然这个过程看似复杂，涉及的参与方很多，但以互联网技术为支撑，能够在 100 毫秒内完成竞价购买。

以上场景就是程序化购买的基础流程与运作模式（见图 6—1）。在程序化购买中，对用户的每次曝光进行实时竞价。广告主通过实时竞价来获得向目标受众展示广告信息的机会。程序化购买打破了传统“广告位”的交易模式，将大数据技术、类搜索技术、实时竞价技术应用到展示类广告上，通过大数据分析技术帮助广告主快速锁定目标人群，实现智能的、精确的广告投放。[①] 对于广告主而言，要想进一步提高广告效果，可以利用更优质的广告位将自己的广告信息更好地传递给目标消费者；或者以更加灵活的方式引入技术流，做到精简人工、精准投放、流程可控与投放效果的实时监测。

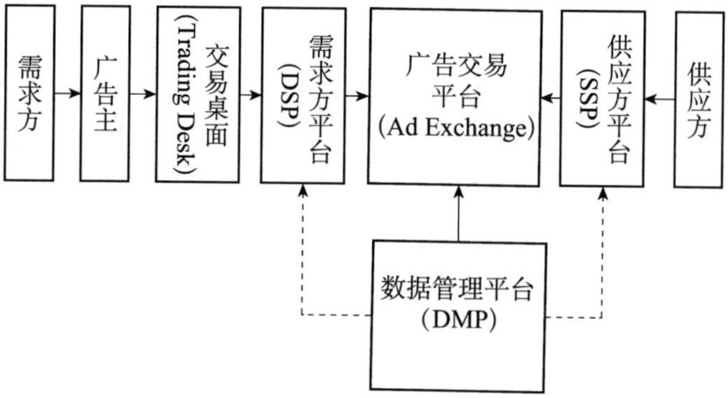

图 6—1　程序化购买的一般流程

程序化购买是在用户数据分析的基础之上，找到符合广告诉求的目标受众，通过购买这些受众浏览的广告位，实现对目标受众的购买。程序化购买把从广告主到媒体的全部投放过程程序化，实现了整个数字广告产业链的自动化。

四、程序化购买的组成部分

随着程序化购买的迅速发展，对其研究的进一步深入，程序化购买的产业链模式基本成型。DSP，Ad Exchange，SSP 和 DMP 这四者各司其

---

① 吴毅勇．颠覆互联网传统营销模式，RTB 实现顾客识别［J］．信息与电脑，2014（2）：1.

职，各有分工又紧密联系，共同构成了程序化购买的产业链模式。

当然，在程序化购买中，参与者远不止这四个方面，还包括其他有效或关键的组成部分。接下来逐一介绍。

1. 广告主

（1）程序化购买中的广告主。虽然广告业进入了数字化时代，但广告主的主体地位依旧未变，它仍是广告的发布者和广告需求的主体，在广告活动中处于上游的位置。广告主在程序化购买广告投放的过程中，通过DSP预先设定好自己的广告信息、目标受众、愿意为广告支付的价格等，在Ad Exchange平台进行交易，通过实时竞价和非实时竞价两种方式进行竞价。当SSP中含有符合条件的媒体时，广告主的广告就自动出现在该媒体的某个广告位上，如果不符合条件，广告就不展示。在整个程序化购买的过程中，可以根据广告投放的效果对广告进行适时修改，不断完善广告投放效果。

（2）程序化购买为广告主带来的机遇。

第一，覆盖平台广，目标更精准。程序化购买的交易场所不仅包括传统的互联网网站，还包括各类移动端APP，商业WiFi网络、微信、微博等应用平台，以及多平台跨屏媒介。程序化购买具有跨平台全覆盖的特征，能够整合多种媒介资源，为广告主提供全面多样的媒介选择。通过DMP将用户数据化、标签化，广告主可以获取用户群体的独特标签与属性，更加细化目标群体。大数据分析推动了程序化购买的发展，而这一发展又为广告主提供了新的契机。①

---

① 网易财经综合．营销大变局：程序化购买的八大趋势［EB/OL］．（2014－05－27）［2016－12－01］．http：//money.163.com/14/0527/09/9T88L60A00253G87.html.

第二，借助程序化购买，构建新的品牌力。程序化购买的核心优势在于基于数据的实时受众购买，可以真正帮助广告主实现在恰当的时间把恰当的信息传递给恰当的消费者，这样必然带来营销效率的提高。程序化购买能更精准地找到目标消费人群，降低到达目标消费者的成本，减少浪费。程序化购买能为消费者传递更相关的广告，提高消费者的参与感与互动性，带动营销效果的优化。此外，程序化购买可以实时监测广告效果，进行实时优化。优化的方面有很多，如创意优化、受众优化、时间段优化、地域优化等。广告主可以借助程序化购买的这些优势，构建新的品牌力。

2. DSP

（1）DSP 的定义。DSP（Demand Side Platform）即需求方平台，是指面向并服务于广告主的广告投放管理平台。广告主在 DSP 上可以根据自己的营销策略设定目标受众、投放区域、广告竞价等条件，DSP 会借助大数据技术对用户行为及相关信息进行深入分析，帮助广告主找到所需要的目标受众。DSP 让广告主可以通过一个统一的口径来管理一个或者多个 Ad Exchange 账号，接入众多媒体资源，提供全方位的服务。互联网世界里存在成千上万的广告主，他们迫切希望推广自己的产品，提高知名度，寻找优质的媒体资源和更为精准的目标消费者，优化广告投放策略，降低广告成本，提高投入产出比。

国内目前已经出现了大量的 DSP 服务商和技术提供商，其中具有代表性的包括品友互动、传漾、易传媒、悠易互通、DoubleClick Bid Manager 等。许多广告主纷纷试水通过 DSP 来进行广告的程序化购买。

（2）DSP 的特征。一个真正意义上的 DSP 必须具有两个核心的特征：一是拥有强大的实时竞价的基础设施和能力，二是拥有先进的用户定向

（Audience Targeting）技术。

DSP 要求有强大的实时竞价的基础设施和能力，对数据运算技术和速度要求非常高。一般而言，从用户在浏览器上搜索信息到看到网页上呈现的内容这短短的时间内，DSP 就发生好几个往返的信息交换。在一个完整的程序化购买流程中，Ad Exchange 首先要向 DSP 发出竞价请求，告知 DSP 此次广告曝光的性质，以及用户的产品偏好和购物习惯等 cookie 属性；DSP 接到竞价请求后，必须在短时间内做出回应，决定是否对这次曝光进行竞价，如果决定竞价，以什么样的价位进行竞价，然后把竞价的响应发回 Ad Exchange。整个交易过程的时间很短，要求 DSP 有强大的数据运算技术和极快的运算速度。另外，DSP 可以根据对某个用户投放广告的实时效果数据优化投放策略。也就是说，如果投放效果未能达到预期，那么在下一次竞价时就可以降低出价，或者不再对该用户进行竞价。这样可以确保广告主媒体投放效益的最大化。

基于数据的用户定向技术，则是 DSP 另一个重要的核心特征。就程序化购买的实质而言，它不是对某一具体的广告位的购买，而是基于大数据的用户定向技术对目标受众的购买。服务于广告主或者代理商的 DSP，需要对 Ad Exchange 每一次传来的曝光机会进行分析，根据相关数据来决定竞价策略以及具体的价位。这些数据包括本次曝光所在网站、页面的信息，以及更为关键的信息——本次曝光的受众人群属性，人群定向的分析直接决定 DSP 的竞价策略。

3. SSP

（1）SSP 的定义。SSP（Supply Side Platform）即供应方平台，是指对媒体的广告投放进行全方位分析和管理的平台。与 DSP 相对应，SSP 通过 Ad Exchange 与 DSP 相联系，形成程序化购买的产业链条。SSP 以服务为驱动力，是代表媒体进行流量托管及售卖的平台。通过 SSP，网络媒体能将自己的长尾流量有效地利用起来，从而提高媒体广告资源的整合价值，实现广告资源优化。目前，国内主要的 SSP 平台有传漾、易传媒、品友互动、互动通等。

（2）SSP 的特征。

第一，多媒体支持。在注意力经济时代，广告要想抓住目标消费者的眼球，需要丰富的表现形式和独特新颖的创意形式。因此，网络广告不仅要新颖、有创造力，而且要打破传统广告的禁锢与表现形式。SSP 在广告的展现形式方面赢得了更多的多媒体资源的技术支撑，除支持普通网站页面的横幅广告外，还支持多媒体等广告形式。SSP 对多媒体资源的支持，在其可见性、互动性、分享性上都可见一斑。

第二，模式创新。广告主对程序化购买市场日益重视，并将广告预算进一步用于程序化购买。广告主和广告代理商不仅希望通过程序化购买带来品牌曝光率的提升，还希望通过它打造良好的品牌形象。通过程序化购买流程购买的网站多为一些长尾媒体资源，市场占比较小，而优质的媒体资源集中在少数大型门户网站，媒体资源较难获取。为了解决这一问题，SSP 进行模式上的创新，推出了“程序化购买优先交易模式”，为广告主和广告代理商提供“程序化优质购买”服务，通过动态分配资源和订单，优先满足大型媒体优质资源的购买需求，实现优质资源价值最大化。

第三，私人市场。SSP 的“私人市场”模式进一步确保满足广告主及广告代理商“程序化优质购买”的需求。在私人市场中，SSP 提供的优质媒体资源和 DSP 的私有交易服务，允许优质媒体以特定的售卖策略提供特定流量给特定优质的 DSP 来选择并进行一站式安全购买。不同于一般实时竞价市场中依附于 Ad Exchange 并面向所有 DSP 需求方的开放竞拍方式，SSP 的私人市场充分满足了高端媒体的需求。[①] 这种广告交易模式，一方面为高质量网络流量提供了 VIP 交易服务，可谓具有特色的“私人定制”，另一方面强化了 SSP 服务平台与主流媒体的合作关系。

（3）SSP 的作用。

第一，简化交易流程，缩短交易时间。SSP 平台没有出现之前，媒体流量大多按照时间或量来计费，比如按每千人成本来结算，而且整个广告售卖流程（包括广告的后续实施）都是在线下完成的，广告投放计划一旦敲定，在广告执行过程中一般不允许随意更改，广告主相对处于较为被动的位置。有了 SSP 和程序化购买方式，广告主将广告需求发布在 DSP 上，SSP 与媒体方平台相连接，通过 Ad Exchange 进行实时竞价，整个交易过程就可以通过程序系统对接的方式来完成。在交易过程中，广告主和代理商还可以通过 DSP 系统随时对广告投放进行优化。

第二，整合库存方媒体资源，实现效益优化。SSP 可以最优化地整合、分配库存媒体资源，将更多有价值的库存流量分配给第三方技术供应商和 DSP 平台，使媒体资源得到合理分配，提高媒体流量的填充率。[②] SSP 通过整合媒体资源，帮助媒体以合适的价格卖出更多的广告资源，实现收益优化功能。SSP 采用不同的优化算法，通过实时统计广告位的点击率和浏览量，做到全盘掌握广告位的可用资源。智能的价格预测模型帮助媒体制定每一个广告位的合理价格，媒体可任意选择是否将资源通过实时竞价方式卖给多个 Ad Exchange 和 DSP。

第三，高效接入，智能投放。SSP 拥有独特的广告插件，能够轻松应

---

① 刘波成. SSP：服务于媒体的数字营销平台［J］. 互联网周刊，2014（7）：54－55.

② 崔文花，等. 程序化购买“钱”景大爆发［J］. 成功营销，2015（5）：24－47.

对广告主需求的实时变化。通过数据监测和算法的不断优化，智能广告投放可以满足任何用户对不同广告投放策略的需求，实现精准广告投放，提升广告投放效果。

4. Ad Exchange

（1）Ad Exchange 的定义。Ad Exchange 即广告交易平台，正如股票交易平台一样，它为互联网广告提供了一个交易的场所，一头连接的是需求方，即广告主，另一头连接的是广告位拥有者，即媒体方。当然，一提到买卖双方，自然会涉及买卖双方服务的提供者，即 DSP 和 SSP。目前，国内主要的广告交易平台有谷歌的 DoubleClick Ad Exchange、传漾、新浪、搜狐等。

（2）Ad Exchange 的运作机制。当一个用户访问广告位网页时，SSP 便向 Ad Exchange 发出访问信号，告知现在的访问请求。Ad Exchange 把广告位的具体信息，例如所属站点、所接受的最低出价以及经过 DMP 分析匹配后的用户属性（如性别、年龄、职业、兴趣爱好、购买习惯等）信息，打包发送给各个 DSP，DSP 端开始对这个广告位进行竞价。Ad Exchange 在其中扮演仲裁者的角色，判定哪个 DSP 出价最高，就将这个广告展示机会给出价最高的 DSP 所代表的广告主，再接收该出价最高的 DSP 发送过来的广告信息，投放到目标用户打开的网页上。通过建立一个开放的市场，并在实时竞价过程中确定广告资源的价格，Ad Exchange 让整个网络中的展示广告和广告空间的分配都更为高效、更加轻松，也更为合理。图 6—2 展示了 Ad Exchange 的运作机制。

（3）Ad Exchange 的作用。

第一，让广告主可以接触到更多的广告资源。经认证的广告主可以通过

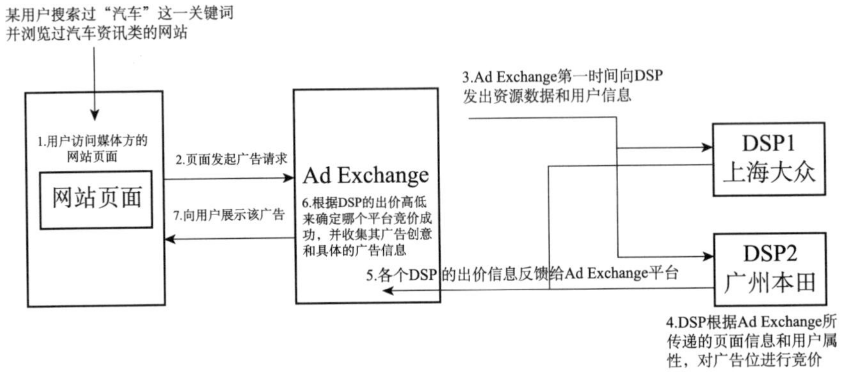

图 6—2　Ad Exchange 的运作机制

Ad Exchange 购买供应方网站上的广告资源，而更多的网站会陆续加入 Ad Exchange 平台，这样广告主就可以接触到更多的优质广告资源。Ad Exchange 平台连接的是 DSP 和 SSP，用户每次访问网站时，Ad Exchange 平台便会把记录用户数据的 cookie 信息传递给接入本平台的各个 DSP，这样各个 DSP 可以了解到当前用户属于哪种类型，如果这类用户是 DSP 的某个广告主想要的，那么 DSP 会按照广告主的要求，对这次的曝光进行竞价。

第二，充当实时竞价工具。Ad Exchange 类似股票交易市场中的竞拍交易场所，从各个 DSP 的竞价中挑选出价最高的一个，价格最高的买方将会获得这次广告曝光的机会，然后 Ad Exchange 平台会获取广告主的广告创意和广告信息，再把广告展示在竞价所得的网页上。整个过程是在 100 毫秒的时间内完成的，简单快捷。

第三，整合资源，优化投放选择。Ad Exchange 平台通过资源的整合，帮助广告主获取更多高性价比的投放选择，与此同时，通过提供多元化的交易模式、广告形式及大数据技术支持等服务，让广告主可以整合资源，更加精准地定位目标用户，优化广告投放，控制投放成本，达到精准营销的目的。另外，Ad Exchange 帮助媒体连接众多来自不同行业、有着不同需求的买方群体，提升媒体流量填充与变现能力。[①]

5. DMP

（1）DMP的定义。DMP（Data Management Platform）即数据管理平台，是无缝整合跨不同接触点的消费者数据的技术，以帮助企业对何时及如何与每个用户互动做出更好的决策。

程序化购买实质上是一项购买“目标用户”的技术，它的实现需要依赖海量数据的运用，这些数据的背后是用户的个人属性和行为偏好。广告主对程序化购买的需求越旺盛，对用户数据分析的要求就越高，而DSP之间的数据一般不会进行交换，这就促使第三方独立数据管理平台DMP出现。

DMP汇集了包括广告主和媒体在内的第一方、第三方数据，其作用就是把所有有关目标受众的数据打通，充分挖掘用户的人群属性、兴趣爱好等信息，实现对目标受众的定向。目前，国内主要的DMP有百度、易传媒、腾讯广点通等。

（2）DMP的分类及区别。目前市场上的DMP可以分为第一方DMP和第三方DMP。

第一方DMP是广告主的私有DMP，即自建DMP，收集整合的是广告主的第一方数据，包括广告数据、官网数据、电子邮件营销（e-mail direct marketing，EDM）数据、CRM数据等，广告主拥有系统的唯一控制权和使用权。第一方DMP强调，为了在充分利用DMP价值的同时保证和维护自身的信息安全，广告主应当建立自己的DMP。

第三方DMP的控制权和使用权一般归运营商所有，其中收集、整合、

---

① 中国网．易观《中国移动Ad Exchange市场专题研究报告2015》解析［EB/OL］．（2015-10-13）［2016-12-01］．http：//news.cnfol.com/it/20151013/21584799.shtml.

分析的数据不为任何一个广告主独有，对于广告主来说，属于第三方数据。第三方DMP认为，大数据时代，数据的价值日益显现，成为企业竞争力的来源，但是相较于数据本身而言，数据开放更加重要。数据的采集与分析自然是挖掘数据资源、实现数据价值的第一步，要想使数据资源价值最大化，就要不断地互联互通。大数据的“大”不仅体现在数据规模上，更在于能够形成足够长甚至是立体、多维互通的数据链条。单向的、彼此孤立的数据不是大数据，不能发挥数据的最大价值。因此，大数据的发展需要避免数据孤岛，在获得海量数据的基础上实现互联互通。随着数据链条不断延伸，数据之间的关系更加丰富、完善，应用效果像滚雪球一样越来越大。

第一方DMP与第三方DMP的异同如表6—1所示。

表6—1　第一方DMP与第三方DMP的异同

类别	第一方DMP	第三方DMP
技术功能	都拥有数据采集、数据管理、数据分析、对接应用等核心功能	
数据归属	广告主私有	运营商所有
数据规模	数据规模无须太大，重点在于高效分析、管理和运用	强调开发和建立立体、多维互通的数据链条
数据属性	第一方数据	第三方数据
关注点	数据安全问题	数据流通、共享及价值问题
优势	广告主的信息安全可以得到彻底的保障，第一方DMP整个数据系统的控制权和使用权全部在广告主手里	可令广告主在营销的各环节获得切实的效率提升
不足	孤立的、单向的数据	信息安全风险

(3) DMP的作用。

第一，对人群深度分析。DMP的首要任务就是清洗、整合从各个来源收集到的数据，接着按一定的业务规则或数据模型、算法，对人群进行深度分析，并为其打上标签；然后利用数据分析技术，让信息与最合适的受众进行精准匹配，完成价值变现。例如，用户一个月内访问旅游频道超过5次，便被打上“旅游爱好者”的标签，这里，用户访问旅游频道是原始数据，访问5次以上被打上标签是业务规则。在实际情况中，多以较复杂的算法作为打标签的准则。

第二，连接业务应用。通常来说，DMP可以分为三层：最底层是原始数据，中间层是标签管理，最上层是业务应用的接口。DMP在整个程序化购买流程中可以连接不同的应用平台，比如DSP，营销人员选择好目标用户以后，可以直接输出至DSP，进行重定向投放。其他应用平台还包括EDM、短信服务（short messaging service，SMS）等。

第三，全面提升企业数据流通、共享和增值能力。打造DMP的核心目的是为企业提供数据收集、分析和整合的能力，实现企业生态系统间的信息实时流动和共享，解决数据孤岛问题。该架构支持实现企业级数据挖掘，充分发掘数据中包含的具有价值的内容，提高企业业务预测能力和决策能力。①

6. Ad Network

（1）Ad Network的概念。Ad Network即广告网络，是一种介于想出售广告资源的网站与想在网站上投放广告的广告主之间的中介平台。② 广告网络是一个封闭的网络广告市场，网络业主作为中间环节先向媒体采购广告库存，然后转售给买家，虽然有时媒体也可以创建自己的广告网络。从定义来看，Ad Network是指广告代理机构或者搜索引擎通过广告系统集合门户网站、博客、微博等各种形态网络媒体组成的提供媒体资源的平

① 秦雯．DMP，做“活水”别当“死水”［J］．广告大观，2014（12）：120.

② 商志营．Ad Network的瓶颈与发展之道［J］．广告大观，2012（3）：74－77.

台。这个平台一方面为广告主提供数据采集和分析、广告管理、发布等服务，另一方面有助于实现网络媒体的广告价值。

从商业模式来看，2000 年之前的 Ad Network 的运作模式和传统广告媒介代理机构一样：以低价买下广播电视的广告时段和报纸杂志的广告版位，再以高价卖给广告主。形成这种一家独大局面主要是因为当时大型门户网站数量稀少以及互联网环境尚未形成。进入 21 世纪，随着互联网的普及，网民数量激增，互联网内容也极大丰富，网民的主动性进一步增强，不再是信息内容的被动接受者，而可以在网络平台生产、发布内容，“去中心化”的特征日益显现。进入 Web 2.0 时代，大型门户网站的中心地位有所动摇，取而代之的是引擎组织的“长尾”网站。Web 1.0 时代形成的“挑位置、包时段”的媒体购买方式受到挑战，精准营销的需求越来越迫切。这时才凸显 Ad Network 的真正的本质和价值。

（2）Ad Network 的分类。Ad Network 主要有以下两种类型：

第一，代理型 Ad Network。代理型 Ad Network 是指当网站自身没有完备的广告发布系统和完善的发布技术时，Ad Network 便成为网站售卖其广告位置的工具；而当网站有发布广告的技术和系统时，Ad Network 就能为广告主提供数据采集和分析、广告管理、发布等服务。代理型 Ad Network 最早可追溯到 1995 年 DoubleClick 成立并开始建立 DoubleClick Network，以及随后在 1998 年成立的中国第一个 Ad Network——好耶广告网络。

第二，定向型 Ad Network。定向型 Ad Network 是指依靠搜索引擎在互联网整个产业链中得天独厚的优势，通过整合大量未售出的网络广告存货，然后按照在线人群兴趣分类的特定逻辑和策略，筛选出某种有共性的网络人群访问流量，卖给广告客户。搜索引擎这个网络工具的出现，给互联网带来了前所未有的变革，从无目标冲浪浏览到有目标的搜索，改变了人们的上网习惯，淡化了网民对品牌网络媒体的忠诚度，通过搜索主动发掘他们感兴趣的新闻、话题、事件、人物、产品。Ad Network 本质上是作为一种网络广告投放管理工具而存在的。

此外，还有混合型的 DSPAN（DSP＋Ad Network），它是在 Ad Network 转型为 DSP 的过程中混合经营的一种模式。考虑到一些大型广告主的特殊媒介需要，Ad Exchange 的流量无法满足它，而 Ad Network 在自有的广告网络池子里有一些垂直网站、视频网站和门户的流量，这些流量可以作为私有流量接入 DSP，以满足广告主的需求。表 6—2 列出了 Ad Network 和 Ad Exchange 的区别。

表 6—2　Ad Network 与 Ad Exchange 的区别

类别	Ad Network	Ad Exchange
定义	广告网络的关键功能是整合了网站所提供的广告位资源，使其满足广告主投放广告的需求，广告网络使用广告投放服务器来实现定向、展示跟踪及投放报告的增值功能	广告交易平台是一个技术平台，在众多广告网络提供的流量的基础上进行竞价买卖
分类	代理型 Ad Network、定向型 Ad Network	公开交易平台、私有交易平台
价值	减少交易成本；获取增值功能；提供一定的人群定向功能；提供较安全的投放环境；投放量和投放规模可预测、可控，并且有保障	巨大的库存量；提供更好的人群购买功能；提高投放效率和灵活度；提升透明度
产业链结构	广告网络的产业链相对比较清晰，即广告主或代理商通过广告网络来购买网站资源	广告主或代理商通过 DSP 来采购广告交易平台提供的流量，而广告交易平台的流量一般来自广告网络的剩余流量或加盟该平台的网站流量，还有些广告库存资源可能来自 SSP；这个产业链中参与的平台众多，有些公司提供的产品跨越多个平台，实现一条龙服务

7. Trading Desk

（1）Trading Desk 的定义。Trading Desk 是程序化购买的交易桌面，是广告代理商进行数字化广告投放的一般工具，通过连接多个 DSP 来进行广告的优化投放。Trading Desk 的功能类似于 DSP，但与 DSP 存在差异。业内有一个形象的比喻说明了它们之间的区别：如果说 DSP 是证券交易营业部大厅里所有散户股民都可以使用的交易平台，那么 Trading Desk 就好比证券交易营业部的大户室。

由于 DSP 能够为广告主提供全面的广告投放服务，因此部分替代了代理商原来的媒介策划和购买业务的职能，形成了一定的交叉领域。此外，由于 DSP 实现了受众的精准定位和自动化的购买，因此在技术、数据等方面比代理商更有优势，而代理商本来并不以技术见长，原来的媒介购买方式消耗的人力成本高，在 DSP 模式下需要重新找回定位。为应对这种变化，代理商开发出了 Trading Desk。通过这个工具，代理商可以接入多家 DSP，为每一个广告案例寻找一个合适的 DSP 去投放广告，同时避免自己与自己竞价。通过 Trading Desk，代理商也向互联网广告的自动化投放迈进了一步。DSP 和代理商在这个方面形成了互补，它们专注于各自的领域，发挥各自的优势。

（2）Trading Desk 的类型。

第一，Agency Trading Desk（ATD）。从广告主的视角看程序化购买，就流程而言，仍然需要通过他们选定的一家或几家媒体代理机构来执行。媒介代理机构很早就注意到程序化媒体购买带来的机会，于是成立了 ATD 职能部门。ATD 能够提供程序化技术方面的服务，主要负责广告活动管理，实际上广告主的程序化购买预算通常都是通过 ATD 再流向 DSP

和 DMP 等程序化交易生态体系中的技术公司。[①] ATD 的特别之处在于，它是以程序化购买为基础、以实时竞价为主要购买形式的平台。ATD 更注重实时购买，并且运用数据及相应的技术手段帮助广告主有效而精准地触达目标受众。目前，除了网络展示广告，ATD 开始着手购买网络视频、社会化媒体、搜索等领域的媒体资源。今后，ATD 会加大对户外电子屏幕以及网络电视等媒体资源的购买力度。

第二，Independent Trading Desk（ITD）。除了 ATD 之外，市场上还存在另一种类型的交易桌面，即 ITD。区别于 ATD，ITD 不从属于任何广告集团。事实上，ITD 服务于媒介代理商或广告主，一方面可为 ATD 提供 Trading Desk 技术解决方案，以及程序化策略、策划及交易优化等增值服务；另一方面，ITD 还可能与媒介代理机构协同，为那些对数据透明度和自主掌控力度有要求的超大型品牌客户提供 Brand Trading Desk（BTD）。[②]

（3）Trading Desk 的优势。作为广告代理商进行数字化广告投放的一般工具，Trading Desk 可以为广告主提供全面的广告投放服务。它基本上是为大品牌、大预算服务的，大多隶属于大型媒介购买集团。具体而言，Trading Desk 具备以下几个优势：

第一，整合能力。能整合 DSP 和 DMP 等程序化购买服务，提供全案营销。

第二，品牌安全。每个大品牌都有严格的品牌政策，程序化购买的品

---

① 麦迪逊邦：Agency Trading Desk 媒介代理商互动转型前哨站［EB/OL］. http：//www. madisonboom. com/2013/09/08/understanding-agency-trading-desk/.

② 中国广告网新闻中心．专访 Chinapex 创略 CEO Jimmy Hu：关于什么是“独立 Trading Desk（ITD）”以及产品 APEX ONE［EB/OL］. http：//www. cnad. com/html/Article/2015/1014/20151014144218273. shtml.

牌安全是 Trading Desk 特别注重的。

第三，包段资源。几乎所有的 Trading Desk 都会利用母公司的媒介优势去包段一些资源，来体现 Trading Desk 的优越性，它们追求的就是这种胜过 DSP 的程序化购买优势。

第四，定制能力。几乎所有的品牌广告主都有这样那样的问题，而 Trading Desk 有定制能力。

第五，提案能力。不同于 DSP，Trading Desk 经常参与大品牌的年度整体提案比稿等，具有策应优势。

8. 辅助性平台

（1）DCOP（Dynamic Creative Optimization Platform），即动态创意优化平台。传统的广告创意在媒体投放前就已设计完成，而 DCOP 可以动态生成展示广告，将原本需要人工设计完成的动态创意通过计算机设计完成。DCOP 根据每条动态创意的点击率、转化率以及用户在动态创意上的停留时间等信息，找到最吸引用户的创意元素，将这些元素与广告主的产品信息、推广活动等相结合，设计出动态创意。此外，DCOP 利用算法技术，还能够随着用户浏览时间、地点、网站位置的不同及兴趣偏好的变化而实时变化。

（2）Ad Verification Platform 即广告认证平台。该平台的作用就是为广告主监测广告投放环境，确保广告合理投放并让广告主更好地追踪每则广告。① 在实时竞价模式下，由于广告交易实时进行，竞拍到的广告投放环境是未知的，因此广告主非常关心广告投放的安全问题，比如广告出现

---

① 鞠宏磊，王宇婷．改写广告业的“实时”与“竞价”——实时竞价（RTB）广告的产业链流程和运行机制研究［J］．编辑之友，2015（4）：20－21.

在哪些网站、哪些广告位？网站的内容是什么？网站内容是否适合品牌定位？是否存在黄色、暴力等不良信息？例如，当一个网站在报道问题奶粉事件时，显然就不适合投放奶粉及类似产品的广告。

五、程序化购买的特征

在传统媒体时代，广告的投放有太多的中间环节，并且有大量的人工参与。这样的广告形式既缺乏规模效益，又阻碍了智能化的空间。即便是传统的互联网广告，对于新媒体、新技术的利用也是有限的。购买网络广告位与购买户外广告牌、杂志版面并无差别，都是购买位置，而且交易的方式与传统媒体的交易方式相同。程序化购买则将技术的作用充分发挥出来，特征鲜明。

1. 程序化购买与传统广告模式的区别

（1）从购买广告位转向购买目标受众。传统广告的传播范围大，但投放不够精准。以报纸与电视广告为例，每天刊登和播出的广告不仅数量大，而且种类繁多，受众在看广告时处于一种被动接受的地位，只能在大众媒体提供的广告范围内搜寻自己感兴趣的产品信息；程序化购买则利用大数据技术，根据互联网用户的浏览轨迹与行为数据，分析并判断消费者的需求，投放与其需求相匹配的产品或服务的广告，完成从传统的购买广告位到购买目标受众的转变。

（2）广告创意和技术并重。在传统广告模式下，广告产生良好的传播效果主要是因为它建立在内容有创意的基础之上。不同于传统广告模式，程序化购买是一种由创意和技术双驱动的广告模式。传播环境的巨大变化已经成为广告业发展不可回避的现实，传播技术的革新对广告业而言意味着广告产业出现新的服务模式。大数据时代的程序化购买中，技术成为广告效果新的驱动力。与此同时，广告创意对于程序化购买仍然是必不可少的，否则，程序化购买的精准推送只会让受众不堪其扰。

（3）实现广告投放的多屏互动。随着媒体环境的变化，受众的注意力不断地碎片化，消费者不再只关注某一个屏幕，而是从 PC 端到移动端，甚至在更多的屏幕之间随时切换。对于广告主来说，受众的注意力有所改变，其投放广告的方式也要随之改变。在这样的情况下，程序化购买能够实现广告与用户的多屏互动，在电脑、手机、iPad 等不同终端与不同的数据库间进行对接，做到广告投放的无缝连接。

2. 程序化购买的特征

（1）数据化。大数据的核心特征即"一切皆可量化"，语言文字、声音影像、生活消费、地理位置等都能以数据的形式收集和记录，甚至连人的沟通和关系、经历和情感，也都会在网络上留下痕迹。比如，百度等搜索引擎，可以将受众关心的信息数据化；微信、微博等社交媒体可以将受众的关系数据化；淘宝等电商网站可以将用户的消费行为数据化。

程序化购买的一个特征就是对数据十分重视。利用技术充分挖掘数据的价值，全方位整合 PC、移动、户外以及电视等资源，用数据打造更完整的营销生态链。例如，互联网广告公司悠易互通通过数据银行（databank）来进行用户数据的收集、管理、分析与应用，通过与 DSP 和 DMP 的对接，将广告的投放计划与受众数据整合，为广告主提供一站式服务，以使广告主的广告投放效果得到更大的提升。

（2）精准化。大数据技术并不是对数据的简单叠加，而是要通过对海量数据的分析来甄别目标受众、预测消费者需求，因此程序化购买的另一个特征就是精准化。

程序化购买的精准化首先体现在广告的投放精准。广告主在投放广告的过程中，预先通过 DSP 设定好自己的广告信息、目标受众条件、愿意为广告支付的价格等，通过 Ad Exchange 进行交易，当 SSP 中有符合条件的用户出现时，广告主的广告就出现在该媒体的某个广告位上，如果不符合条件，广告就不展示。

其次，精准化还体现在广告效果的评估精准。广告效果通常从广告销售效果和广告传播效果两个层面来评估。广告销售效果是广告传播效果的直接体现，而广告传播效果主要通过对受众的认知、情感以及行为等产生影响来间接促进广告销售效果，所以广告传播效果具有延时性，这也成为传统广告最难衡量的环节。程序化购买可以在大数据的基础上分析用户在观看广告后的一系列网络活动轨迹，如是否查询相关商品信息、是否与他人交流商品信息、是否在网上购买商品等，从而判断广告传播对销售的影响。通过对用户每一个媒介接触点的分析，计算每个媒介渠道在实现广告主销售目标上贡献了多少价值，从而帮助广告主实现广告效果评估的精准和持续优化。

（3）人性化。程序化购买抛弃了传统广告时代的"无差别覆盖"，简化了广告从生成到投放的环节，做到广告的最优投放，这使受众、广告主以及媒体三方实现互利共赢。

首先，对于广告主来说，程序化购买为其提供了个性化的服务。程序化购买分为实时竞价和非实时竞价两种形式，广告主可以根据自身的需求，选择其中一种或者同时选择两种。广告主还可以在 DSP 中进行设置，自由选择何时何地对何人投放广告。同时，DSP 可以协助广告主分析媒体和品牌的契合度，对投放广告的媒体环境进行筛选。

其次，对于媒体来说，程序化购买有利于广告位管理和收入的增加。媒体通过 SSP 提供的广告管理后台对广告位进行管理，对广告投放进行排期设置、编辑整合等。除此之外，媒体还可以对同一广告位上的多个广告进行管理，根据广告位上的广告主出价的不同，设置广告展示的优先级，优先展示通过非实时竞价投放的出价高的广告，将剩余的流量用于通过实时竞价投放的广告，以增加媒体的广告收入。

最后，对于受众来说，程序化购买可以优化其广告体验。程序化购买是根据受众的喜好及需求特性来展示与之有关的广告，这在一定程度上减少了广告信息对受众的干扰，增加了受众对广告的好感。

第 2 节 程序化购买的交易模式

一、实时竞价模式

当广告主为广告效果犯难时，一种具有革命性的互联网广告投放模式——实时竞价（RTB）开始在全球范围内蹿红，这种采用人群定向算法和市场化竞争机制而产生的广告投放模式，不仅改变了广告的销售方式，还改善了广告效果。

1. RTB 的基本概念

RTB 是在大数据背景下兴起的一种新型互联网广告售卖方式，它通过 cookie 等人群定向技术抓取用户的需求和偏好，在海量的网站上针对广告主的目标消费群体进行实时竞价，以此来获得广告位。

RTB 模式下，广告主能在合适的时间将合适的广告信息传递给合适的人，媒体能更好地利用手中的资源获得更多盈利，与此同时，用户通过个性化广告投放得到自己需要的信息。毫无疑问，RTB模式是当下最具市场潜力的网络广告售卖方式。

2. RTB的特点

在互联网广告发展的早期，广告主往往会选择以买断广告位的方式进行广告投放，广告的传播主要是“一对多”的方式。而随着产品市场细分趋势加剧，互联网广告行业也随之发生新的变化，传统的人工谈判和流量包断模式逐渐被颠覆，这种方式已经无法满足广告主越来越精细的要求。RTB正是在这样的市场需求下诞生的，它的出现标志着互联网广告从传统的购买广告位转向购买目标受众。

RTB模式与传统的互联网广告有显著的不同。传统互联网广告投放中，广告主并不了解观看广告的人是谁、其个人特征是否符合广告主的营销定位；传统互联网广告的计费方式多为按天收费，虽然广告能集中在少数流量较大的网站上，通过每天网站的浏览量带动广告的传播，但实际的广告效果并不十分理想，且费用较大。即便如此，广告主依然认为在知名的媒体投放广告有助于提升品牌形象，能让更多的消费者了解自己的品牌。

而RTB模式把按照广告位售卖变成按目标受众人群售卖，在每一个广告曝光的基础上进行竞价，价高者胜出。因此，RTB模式下互联网广告的特点可以概括为“两个不确定和一个可干预”，即广告位和广告价格不确定，但是广告的投放效果可以进行实时干预。[①] RTB模式下的广告是否能够展示给目标群体，取决于广告主竞拍的价格。广告的投放时间、形

---

① 宋星．PMP私有交易市场——程序化广告的新高度［EB/OL］．http：//marketing.cn/special-column-/2861.

式、预算的分配也更加灵活。因此，RTB 方式下的广告位无法预先确定，广告价格也不可能在竞价之前就精确知道，但其广告投放效果却可以实时监控，广告主可以即时调整竞价策略。

相比之下，传统的互联网广告的特点则是“两个确定和一个不可干预”，即广告位和广告价格确定，对广告效果只能通过大量的广告投放进行评估，不能做到实时干预。

3. RTB 的价值

RTB 解决了两个问题：一是广告的精准投放问题，通过 RTB 模式投放的广告真正地做到了有的放矢。二是媒体碎片化时代的人群覆盖问题。统计数据显示，目前网民人均访问网站量超过 75 个，因此在受众媒介接触行为碎片化的情况下，投放实时竞价广告几乎是最好的选择。

精准投放不仅使得广告投放成本降低，还能够覆盖海量受众，这种低价高质的特征让 RTB 模式具备了巨大的市场潜力。更重要的是，RTB 模式下的广告投放流程是基于平台运作的程序化购买和技术性投放，各环节发挥平台效应且相互协作，在 100 毫秒内就可实现广告实时、高效、智能地投放，不像传统媒介购买公司那样需要耗费大量时间和人力，大大提高了互联网广告行业的服务规模和效率。

4. RTB 的发展历程与趋势

RTB 模式最早起源于美国，根据知名市场调研机构 eMarketer 的报告，2012 年 RTB 广告的购买占美国展示广告市场的 13%，市场份额是 2010 年的 3 倍，预计到 2017 年将攀升至 29%。在中国，RTB 模式在 2011 年已悄然出现，各大广告公司纷纷探索相关业务。2012 年 4 月 11 日，汽车品牌广告主沃尔沃通过悠易互通率先进行 RTB 营销，成为中国

RTB品牌营销第一案例。因此，2012年被众多业内人士称为中国的RTB元年。

无可争辩的是，RTB逐渐成为未来互联网广告发展的主流。在美国，有50%以上的互联网流量广告位通过RTB购买，RTB广告近5年的年均增长率为70.5%。据Socintel 360的数据，2014年美国程序化购买市场为170.7亿美元，其中RTB市场为63.6亿美元，中国对应的两个数字分别为27.6亿美元及10.3亿美元；2018年美国程序化购买市场将达到346.7亿美元，其中RTB市场为234.8亿美元，中国对应的两个数字分别为106.1亿美元及51.7亿美元。由此可见，中国RTB广告市场仍有巨大的潜力有待挖掘。接下来的几年将是RTB广告高速发展的阶段，越来越多的预算将通过RTB方式进行交易。

5. RTB的运作机制

RTB的出现让实时的定向投放成为可能，新的分工与角色由此诞生。具体来说，可以将RTB模式下广告投放的流程总结如下（见图6—3）。

当用户浏览网站时，媒体网站通过添加的SSP代码向Ad Exchange发起广告请求。Ad Exchange将这次请求的关键信息（如域名URL，IP，cookie等）同时发送给多家DSP，我们把这个请求称为竞价请求（Bid Request）。DSP收到请求后基于自身拥有的海量人群数据库，通过特定的算法、人群定向技术，分析数据库中关于用户的上网记录（cookie数据），同时在DMP更加专业的数据挖掘的帮助下，采集包括用户的人口属性、行为习惯、消费偏好等在内的信息，再将这些信息以广告主容易理解的方式呈现出来，描绘出用户细致的个人兴趣图谱，做出是否参与竞价的决策，

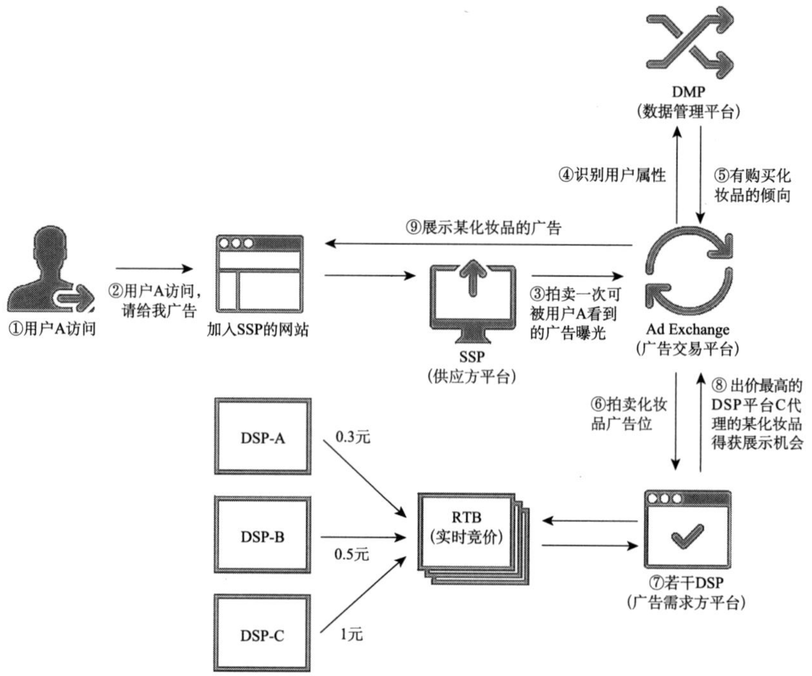

图 6—3 RTB 模式下广告投放的流程

从而实现用户需求与广告信息的精准匹配。①

接下来，代表广告主的 DSP 对目标受众进行竞价，出价最高的广告主将获得这次广告展示的机会，但是获胜者只需支付所有投标价格中的第二高价。这种方式可以鼓励广告主出更高的价，使媒体资源提供商获得更大的收益。② 由此可见，在 RTB 广告模式下，一方面，大小广告主都可在同一起跑线上与众多竞争者公平竞价，且价格透明；另一方面，RTB 广告模式使得网站三、四级页面的剩余库存和一些长尾网站也可以参与到广告交易中来，以合理的价格获得收益。

① 谷虹，林碧洪．实时竞价的 RTB 广告模式［J］．销售与市场，2015 (4)：40－41.

② 周楚莉．数字传播时代 RTB（实时竞价）广告模式研究［J］．中国记者，2013 (11)：26－27.

RTB模式下的精准广告投放造成的结果就是，两个人浏览相同的网络页面，看到的却是不同的广告内容。由于这些定向推送的广告是基于对用户行为的分析来投放的，符合他们近期的需求和兴趣属性，对用户来说是有用的信息，因此他们更愿意去点击。这有助于提高广告的投资回报率，是广告主所乐见的。

二、私有交易市场

RTB模式的出现给互联网广告带来了革命性的变化，它让同一广告位的广告内容不再是千人一面，而是因人而异——不同的人浏览相同的网页却看到不同的内容。

随着程序化购买的影响力日益增强，多样化的市场细分态势使得广告主有了多方面的需求。以长尾资源为主的RTB市场，与品牌客户的优质流量供需产生矛盾，究其原因在于广告主对RTB模式的态度倾向于保守。由于RTB模式下的广告是根据目标受众进行投放的，因此不再需要事先购买固定的广告位，而品牌广告主最信赖的、购买最多的，却是具有固定展示位置、排期以及固定价格的广告位。因此，RTB的出现虽然使媒体的长尾资源得到更好的利用，但这些资源却不太可能是品牌广告主列为最高优先级的广告位。因为RTB甄选的是受众，而不是广告位，广告主事先不了解自己购买的广告位具体在哪里，也不知道RTB模式下的广告投放到底能够抓住多少目标受众，所以广告价格和费用也就不如传统广告那么容易控制。这使得品牌类广告主对RTB持有谨慎态度，他们更青睐的是传统上有排期计划的高优先级广告位，即广告位置确定、广告价格相对固定，且购买之后广告位一定是排他的。

因此，如果有一种方式既能够确保品牌广告主对广告位的“所有权”，又能够在这些广告位的管理上实现类似于RTB的程序化购买的优点，对于品牌广告主而言将是非常理想的。事实上，这可以通过私有交易市场（PMP）来实现。

1. PMP的定义

程序化购买按照交易是否公开可以分为公开交易和私有交易，公开交易主要采取RTB模式；私有交易即PMP模式下的广告投放方式。PMP（Private Marketplace）即私有交易市场。它与Ad Exchange的概念相反，Ad Exchange是公开的交易，PMP则是私下的交易。PMP与传统广告交易最本质的区别在于，传统广告交易几乎都是私有的，但并不属于程序化购买的范畴。PMP的交易也是私有的，但它同时还是程序化的广告。[①] 换句话说，虽然PMP的交易方式与传统广告类似，但运作流程却和传统广告有着显著的不同，它是以与程序化购买相似的方式运作的。综上所述，PMP是将传统广告的私有交易方式与程序化购买的运作方式相结合的具有互联网特征的新的广告形式。

传统广告投放一般通过私有交易来运作，广告位是事先预定好的。这种方式消除了广告投放前在时间、位置、价格上的不确定性，更为广告主所信赖，因为它帮助广告主提前锁定了他们想要的媒介资源。而PMP存在的意义就是既要保留私有化的交易模式，又要结合程序化购买的运作方式，尽可能地消除广告主的不确定性。但PMP绝不是这二者的简单叠加，一方面，PMP帮助广告主在广告上线之前确定优质资源，确保媒体覆盖和品牌安全；另一方面，PMP又希望能够利用程序化购买的优势，即利用大

---

① 宋星.PMP私有交易市场——程序化广告的新高度［EB/OL］.http：//marketing.cn/special-column-/2861.

数据技术和计算机智能高效精准地投放广告，根据受众的个人属性、行为偏好等来动态管理广告的投放工作，从而达到实时调控广告、提升广告效果的目的。

2. PMP 的交易方式

PMP 最典型的特征就是私下的交易模式加上程序化购买的运作方式，但又与在公开市场交易的 RTB 模式有着显著不同。简而言之，PMP 是传统私下交易广告在程序化购买时代的继承与发展。PMP 的交易方式与 RTB 的区别如表 6—3 所示。

表 6—3　RTB 与 PMP 的比较

	交易方式	是否保质保量	出价方式	操作方式
实时竞价模式（RTB）	公开竞价	尽量保质不保量 广告位不预留	实时竞价	在 Ad Exchange 中公开竞价
私有交易市场（PMP）	程序化直接购买（PDB）	保质保量 广告位预留	协商定价	传统媒介谈判方式＋程序化控制投放
	优先交易（PD）	保质不保量 广告位预留	事先出价	程序化购买中指定媒体
	私有竞价（PA）	保质不保量 广告位不预留	实时竞价	小范围内参与竞价

下面简要介绍表 6—3 中 PMP 的几种交易方式。

（1）PDB。PDB（Programmatic Direct Buy）即程序化直接购买，是把广告主常规购买的保量的优质媒体资源，利用程序化购买的方式进行人群定向等多维度定向的广告投放，它是 PMP 中最基础的一种交易方式。美国互联网广告署（Interactive Advertising Bureau）的解释是：PDB 是最类似传统的数字广告直接售卖方式。简而言之，PDB 就是一对一的直接购买方式，广告主和广告公司买好媒体位置，然后用程序化的技术进行优化，提高购买流量的总体效率。买方和卖方之间直接谈判，协商流量和定价。这种购买方式与传统的广告购买方式基本上没有区别，即广告主与媒体事先确定好广告位置和价格，然后按照排期规定的时间和位置进行广告投放。在传统广告中，广告排期是这个交易过程的关键，而在 PDB 中，广告排期也完全如此。

总体而言，PDB 这种交易方式是广告主最容易接受的方式。首先，它与传统购买方式一致，即广告位资源是预先保证的，广告主和媒体可以事先就广告时间、广告位置、广告价格等方面进行协商；其次，一旦排期确定，广告位资源就不会轻易更改。PDB 主要针对广告主自己买断的优质媒体资源，运用程序化购买的方式进行对接和投放。广告主买断的通常是优质媒体资源，因此 PDB 主要适合拥有多个子品牌或者多种投放需求的大型品牌广告主。PDB 的计费方式既支持传统的按天收费（cost per day，CPD)，也支持按照每 1 000 个展示曝光进行收费（cost per milli，CPM）和按每次点击收费（cost per click，CPC）。

（2）PD。PD（Preferred Deals）即优先交易，是指媒体可以将一部分拍卖的流量转化为直销流量，它是通过开放优先交易权获取收益的交易方式。PD 与 PDB 的区别在于广告资源具有一定的不确定性，广告位的展示量不能事先保证。举例来说，广告主看中了某网页上的广告位，这个广告位是按照 CPM 方式出售的，由于网站的访问量和点击率每天都不一样，因此在这个广告位上广告的展示次数不能预先确定。也就是说，尽管广告位可以事先卖给你，但是展示量却保证不了，只有在媒体有剩余流量且广告主同意购买的情况下，广告交易才得以进行，这样在这个广告位上做广告的预算就不能精确预知。更何况，因为这个广告位是按照 CPM 来出售的，不一定只卖给你，还可能同时卖给另外一个广告主，如果媒体保证给该广告主每天 1 000 次展示，则卖给你的就只能是剩下的展示量，在这种情况下，展示量更不容易保证。因此可以看出，媒体在公布广告位资源时，PDB 的优先级要高于 PD，而 PD 的优先级又高于需要完全竞价的 RTB。

（3）PA。PA（Private Auction）即私有竞价，其运作方式与公开竞价基本相同，区别在于媒体可以邀请一些特定的买方对广告位资源进行竞价。如果说 PDB 这一方式是纯粹的私密交易，不存在广告竞争，那么 PD 就有跟其他广告主竞争广告位的可能性，而 PA 方式中，媒体把较受广告主欢迎的广告位专门拿出来，放到一个半公开的市场中进行售卖，供有实力的广告主竞价，价高者胜出。同 PD 方式一样，PA 也必须按照 CPM 进行交易，虽然竞拍的都是媒体的优质资源，但其广告位资源的保证度要高于 RTB。

3. PMP 的操作流程

在技术原理上 PMP 与 RTB 较为相似，能够很容易地打通众多媒体的广告资源，并与其他广告平台系统（如 DMP，Ad Exchange 等）连接。不同的是，PMP 面对的广告资源是广告主青睐的那些高优先级资源，也是媒体的优质资源。因此，PMP 并不会改变原有的广告采买流程，只是在这个流程中增加了一个能发挥程序化优势的技术方案。

广告主在进行 PMP 操作时的一般流程是：首先，与传统广告投放流程一样，广告主先进行媒体排期，敲定合作细节；然后把排期录入 PMP；接着，PMP 会通过与媒体的技术对接，在排期时间内托管相应的广告位；之后，PMP 开始按照预定的程序管理广告的投放；最后，当广告排期完成后，要求第三方公司对投放结果进行评估。在这个流程中，变化最大的是广告位的管理权。过去是媒体代表广告主进行管理，现在则是广告主自己管理，而且是通过由自己确定的广告展示规则与技术进行实时管理。变化最小的则是广告投放的操作流程和时间。几乎所有的过程都与传统的做法相似，只是在其中增加了将排期录入 PMP 以及 PMP 托管广告位两个环节。

4. PMP 的价值

对于品牌广告主而言，PMP 具有两大优势：第一，广告主此前私密的广告购买方式可以保持不变；第二，能够用程序化的方式来管理广告投放，实现前文描述的多种程序化的好处。比如一个化妆品品牌广告主拥有高、低两个档次的化妆品需要投放广告，通过 PMP 交易方式，它预先购买了某网站的一个固定的优质广告位。当程序发现有高收入受众浏览该网站广告位时，PMP 将推送高档化妆品的广告；而当较低收入受众浏览该广告位时，受众将看到的是较便宜的化妆品的广告。PMP 帮助这个广告主在所拥有的广告位中实现了人群和品牌化妆品的精确匹配，显著提升了广告的效率。

5. PMP 的发展趋势

在程序化购买领域，PMP 是目前最炙手可热的一种新型广告投放形式。在中国 PMP 于 2013 年出现，当时的市场占比只有 5%，经过短短几年的发展，市场份额迅速增加，2015 年底已达到 39%。易观智库在《中国程序化购买广告市场专题研究报告 2015》中指出，中国大型品牌广告主的进入将给未来几年程序化购买市场带来翻倍增长，私有程序化投放方式在不改变产业链交易模式的前提下，势必会带来广告位点击量的增加，不仅有利于促进媒体资源的产出，而且能够增加媒体收益。

艾媒咨询的数据显示，2013 年中国程序化购买通过非 RTB 方式投放的广告规模占比仅 4.2%，通过 RTB 方式投放的广告规模占比 95.8%；预计 2017 年通过非 RTB 方式投放的广告占比将接近 50%（见图 6—4）。未来非 RTB 的程序化购买方式将成为主流程序化购买方式之一。

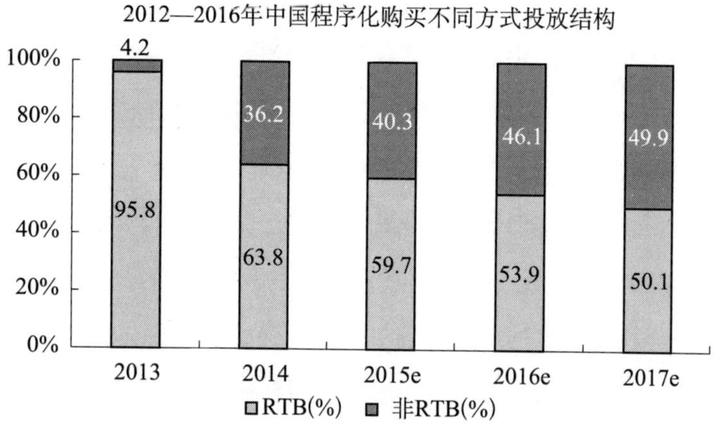

图 6—4　2012—2016 年中国程序化购买不同方式投放结构

注：非 RTB 是指除了 RTB 之外的购买方式，包括 PDB 等购买方式。

第 3 节　程序化购买在各平台上的发展

一、PC 端程序化购买

中国市场的程序化购买最先在 PC 端实现。艾媒咨询发布的《2014—2015 年中国 DSP 行业发展研究报告》显示，“2014 年，中国程序化展示广告市场中，通过 PC 端投放的广告规模为 91.9%，通过移动端投放的广告规模为 8.1%”[①]，可见 PC 端的程序化购买所占比重远大于移动端。但随着用户向移动端迁移，PC 端流量增速放缓，移动端程序化购买广告市场充满潜力。[②]

二、移动端程序化购买

中国互联网络信息中心（CNNIC）发布的《第 38 次中国互联网络发展状况统计报告》显示，截至 2016 年 6 月，我国网民规模达 7.10 亿，其中手机网民规模达 6.56 亿，所占比例为 92.5%。可以看出，未来网民都将是手机网民。这为移动端程序化购买的推行提供了有利的条件。

“从多屏到跨屏，从 PC 端到移动端”的程序化购买是未来的发展趋势。受众如今面对更多的屏幕，仅仅在某一屏实现程序化购买并不能达到最佳的效果。一位受众可能在手机上查看想要购买的商品信息，然后在 PC 端完成购买，在看电视的同时，还可以拿起 iPad 和朋友聊天。

那么，如何打通同一个用户在不同屏幕上的身份 ID，追踪识别用户，实现真正的跨屏营销呢？在打通跨屏用户数据方面，业内相关人士提出了两种可行的方法：一是依靠用户的多个登录账号或者大型互联网平台提供的跨屏 ID 识别支持，这种情况下只有百度、腾讯、阿里巴巴、谷歌等大型互联网公司才有能力进行匹配；二是预估匹配，也就是运用数据模型推断来自不同屏幕的多个用户实际上是同一用户。前者精准度高，但同时要求较高的数据开放生态；后者降低了门槛，但技术是难点，有偏差。即使用户的跨屏数据问题解决了，后续的跨屏程序化购买的效果评估及监测是

---

① 艾媒咨询．2014—2015 年中国 DSP 行业发展研究报告［J］．声屏世界·广告人，2015（10）：205－208．

② 易观智库．中国程序化购买广告市场年度综合报告 2016［R］．（2016－04－09）［2016－12－01］．http：//www.199it.com/archives/460583.html．

需要解决的难题。

三、户外程序化购买

1. 户外程序化购买的概念及优点

常见的户外广告按地点分为路边广告牌、地铁广告、公交候车亭广告等，现在还出现了升空气球、飞艇等先进的户外广告形式。户外广告是受众视线离开手机后最可能接触到的媒体，能够在碎片化的时间里吸引行走的受众，独特的优点使其获得了程序化购买的关注。

那么，户外程序化购买究竟是什么？它的具体表现就像我们在某些电影中看到的那样，当我们走出门去，所见的户外广告都是为我们个性化定制的，而且可以即时完成支付与购买。

户外程序化购买有两大优点：对于广告主来说，可以使广告投资变得更精准，这种精准体现在时间和广告位的选择上；对于户外的媒体主而言，户外程序化购买使它们更加了解受众，从而将合适的户外广告位置卖给合适的客户。

2. 中国户外程序化购买的发展

目前我国户外程序化购买尚处于起步阶段，国外的户外程序化购买则相对成熟。2014 年澳大利亚数字户外广告公司 Val Morgan 宣布，旗下 Pump TV 加油站媒体网络已实现程序化购买，在数据方面主要是靠自己的 DART（数字户外受众实时测量）平台，通过安装在数字户外媒体上的受众测量设备来实时采集受众的信息，包括年龄、性别等。例如，当加油站的数字媒体测出此时的观看人为女性时，后台中针对女性用户且给出最高广告费的广告将自动播放。可以预见，依托面部识别、RFID 等技术的发展，户外程序化购买的前景广阔。图 6—5 显示了通过面部识别对女性投放冰淇淋广告。

图 6—5 通过面部识别对女性投放冰淇淋广告

国内户外程序化购买发展缓慢，主要是在以下方面受到了限制。

(1) 数据方面。程序化购买需要实时的受众监测数据。国内目前在做或想做户外程序化购买的公司，数据来源主要有三个方面：一是直接利用媒体主或第三方调研机构的现有媒体及受众数据；二是自己尝试通过面部识别或摄像头、WiFi 等方式收集受众基本信息；三是与数据公司如移动运营商或 BAT 等互联网巨头合作。但是总体而言，不管是从规模、总量还是从公开透明度等方面来看，行业数据的应用仍然停留在小数据状态。

(2) 内容分发平台方面。除了数据的采集与分析，自动化的广告交易和投放系统也是程序化购买的重要组成部分。数据是交易的第一步，但是没有统一的内容分发系统，依然不能称为程序化购买。要解决内容统一分发的问题，就要解决联网等技术问题，以及内容审批的政策问题等。

（3）媒体主和客户的支持方面。有了平台，更需要媒体主和客户的参与。设计一个让各方都能获利的盈利模式是户外程序化购买得以可持续发展的关键。与英、美、澳三国高度整合的户外广告行业不同，中国的户外广告市场仍然处于极度分散的状态。如何说服广大媒体主加入集数据、交易与发布于一体的行业平台，可能是一个比技术难题还要难解决的问题。

另外，就户外广告本身而言，还面临着来自其他媒体的巨大竞争压力，相比PC端、移动端，户外广告的开放性使得受众多样化，且具有强移动性，与受众的互动性减弱，对受众信息的抓取难度很大。

只要解决了以上各方面的问题，户外程序化购买的发展还是值得期待的。

四、电视程序化购买

随着传统媒体的数字化转型以及融合媒体的发展，程序化购买已经从互联网平台延伸至电视、广播、报纸、杂志等传统媒体平台，进行更全面的目标人群和流量覆盖，其中电视程序化购买颇受重视。

关于电视程序化购买并没有一个统一的概念，大多数学者和业界人士主要达成了以下两点共识：第一，它是一种基于受众数据自动投放的电视广告；第二，它与传统的电视广告不同，并不以收视率作为投放广告的标准指标，营销人员可以通过程序化技术让广告更精准地触达目标受众。广告主无须在意广告是否在黄金时段播出，而只需要关注广告是否被最合适的观众看到。

传统电视广告可能会有如下窘境：面对男性观众播放卫生巾的广告，面对已婚夫妻播放相亲网站的广告；而有的时候如果一家人特别喜欢看亲子类节目，却无法智能地多推送一些亲子产品的广告。但利用电视程序化购买，可以通过上亿屏幕与众多消费者联系起来，为品牌提供更为精准的广告投放方案。传统电视时代，实时互动的观看数据无法收集，伴随着智能电视的普及，电视广告按人群进行精确投放的时代即将到来。

腾讯发布的《2016 年智能电视数据报告》显示，2012 年国内智能电视渗透率仅为 32.7%；到 2015 年年底，智能电视逐渐普及，市场上销售的绝大部分电视均为智能电视；预计 2016 年渗透率将突破 95%。智能电视的发展意味着用户行为可以被监测，这为电视广告的程序化购买奠定了用户数据基础，使其成为程序化购买的下一个巨大市场。

第 4 节　程序化购买的发展前景与趋势

一、程序化购买的发展前景

中国数字广告业迎来发展的黄金阶段，程序化购买成为广告业发展速度最快的领域。程序化购买不仅能提高广告主的投资回报率，还可以增加媒体的收入。未来几年，在多屏互动与广告主多元需求的驱动下，基于大数据和技术驱动的程序化购买，将迎来前所未有的发展机遇，引领未来数字广告市场发展的潮流。

1. 优质媒体资源入驻交易平台

对于媒体尤其是大型媒体平台来说，资源大多分为三档：最顶端的是优质稀缺资源，比如门户网站首页的广告位；其次是频道首页的广告位，比如时尚、金融、汽车等频道的首屏；再次是某频道点进去的第二屏、第三屏上的资源。第一类资源由媒体平台直接售卖，约30个广告位的收入占媒体广告收入的80%；第二类资源大多包段给广告联盟；第三类资源则主要是在RTB上，因此RTB上的资源多为长尾资源。

随着人群定向技术的逐渐完善，对消费者行为的描述会更加精准，主流媒体已开始考虑将高端位置放入程序化购买平台。例如，新浪、腾讯、搜狐、优酷、爱奇艺等网站已经把自己的主要售卖资源放在交易平台上。未来将有更多的媒体优质资源入驻，让程序化购买可以更加充分地发挥其价值。

2. 品牌广告主参与程序化购买

未来品牌广告主参与程序化购买的比例将逐步提升。包括展示、移动、视频、社交、搜索及电视广告在内的各类媒体资源已经纷纷支持程序化购买，优质的媒体资源也可以通过程序化技术完成采购。经过最初几年的技术发展与市场培育，品牌广告主已具备参与程序化购买的条件。

随着程序化购买的广告效率不断提高，势必会提升品牌广告主对网络广告程序化投放的信心，更多品牌广告主将进入程序化购买市场，给程序化购买广告市场带来大幅增长。同时，越来越多的行业将采用程序化购买的方式进行广告投放，尤其是电商、快消、金融、汽车等以消费者为导向的行业。

3. 程序化购买产业链分工更加细致

DSP是程序化购买的核心环节，其商业模式可以有效地提升流量价值，实时、便捷、自动化的投放体系使它在面对海量的广告需求时，可以更高效地完成投放任务，因此成为产业链中发展最快的环节。随着DSP的迅速发展，将会出现更加细致的划分。从目前的市场情况来看，DSP有以下三个发展方向：

第一，行业细分。未来会衍生出很多品类的DSP，比如专做母婴的DSP、专做汽车的DSP、专做旅游的DSP等。这样，就可以大量积累某一特定行业的消费者行为数据，通过对消费者行为数据的深度分析，帮助广告主实现更为精准的广告投放。

第二，媒体细分。专注于不同媒体的DSP公司将成为另一发展趋势，比如专做移动端的DSP、专做网络视频的DSP，以及专做户外媒体的DSP等。

第三，DSP领域细分化。每家DSP会在不同领域去深度挖掘，比如会有专注于充分运用媒体资源的公司，也会有专注于开发技术特性的公司。

Ad Exchange开始分为公有广告交易平台与私有广告交易平台：公有广告交易平台上的广告位资源一般来自不同媒体，往往是网络媒体巨头才能成为公有广告交易平台的运营商，当前国内公有广告交易平台的代表主要包括百度、阿里妈妈和谷歌；私有广告交易平台上的广告位资源则通常来自单一媒体，国内以大型门户媒体如腾讯、新浪、搜狐，以及视频网站如优酷土豆、爱奇艺、PPTV、暴风科技等为代表。

同时，SSP也将进一步细分。大型媒体更倾向于搭建自有SSP，部分门户、垂直网站以及中小型网站则选择使用服务商提供的SSP。当前国内市场环境下，出于自身资源管理的需要或内部数据安全的考虑，大型门户网站往往更倾向于自己搭建内部的SSP系统；部分门户或垂直网站选择与服务商合作搭建SSP，利用服务商提供的底层技术平台搭建自己的SSP；中型网站以及长尾网站出于人力、物力投入的考虑，往往选择直接使用成型的SSP产品。通过SSP，媒体对自身广告位的管理能力进一步加强，变现能力得以提升。

二、程序化购买的发展趋势

易观智库发布的《中国程序化购买广告市场年度综合报告 2016》显示，2015 年，中国程序化购买市场规模为 104.7 亿元，增长率为 100.2%，预计到 2016 年，中国程序化购买市场规模将达到 185.5 亿元。中国程序化购买市场正处于快速成长期并逐渐得到完善，整个行业呈现出以下三大发展趋势。

1. 从 PC 端发展到移动端

2014 年是中国移动广告程序化购买元年。艾瑞的统计数据显示，在 2014 年总投放额为 48.4 亿元的中国程序化展示广告，通过移动端投放的占比为 8.1%，预计到 2017 年，这一比例将提升为 13.5%。从美国市场看，2014 年程序化购买市场中，通过移动端投放的广告占比为 44.1%，这一比例在 2016 年预期将达到 69.3%。[①] 总体而言，未来几年移动程序化购买将会出现强劲的增长。

随着用户的注意力逐渐转向移动端，移动端的用户使用时长及流量都实现了大幅增长，这带动了广告主预算不断向移动端倾斜。相对于 PC 端的程序化购买，移动程序化购买主要有以下两方面的优势：

第一，定向更为精准。移动端定向方式不再是 PC 端基于 cookie 的定向分析，而是基于机型、时间、地理位置等数据的定向；移动端的使用者具有唯一性，定向更为精准，这最大限度地解决了用户受干扰的问题。对

---

① 艾瑞咨询．2014 年中国 DSP 行业发展研究报告［EB/OL］．(2015-01-15)［2016-12-01］．http：//report.iresearch.cn/2307.html.

于 PC 上一些不相关的横幅广告，用户尚可接受，但如果横幅广告出现在屏幕尺寸更小、私密性更强的手机上，大多数用户会产生反感心理。移动端留给展示广告的空间本来就非常稀缺，程序化购买的精准性能有效帮助广告触达目标受众。

第二，为场景营销奠定基础。在场景营销方面，移动程序化投放是基础。手机是一个用户随身携带、随时在线的影子媒体，具备 LBS 定位功能，在具体场景的广告推送中，可以为商圈实体店带来立竿见影的广告效果。这种可量化的效果正是广告主所追求的。

2. 从多屏演变到跨屏

想象一下这样的场景：一个在城市里工作的上班族每天早晨坐地铁去上班，住的地方距离公司有一段路程，于是在地铁上拿出手机或者平板电脑观看昨天还没有看完的电视剧；到了公司，中午休息时，打开浏览器在视频网站上观看早晨看的电视剧；晚上下班以后，回到家中，用新购买的大屏智能电视继续观看电视剧。

这样的场景正在成为现实。我们到了家中之所以选择智能电视来观看电视剧，是因为未来手机以及平板电脑上的内容可以无缝切换到智能电视上，且智能电视的交互功能达到和手机、平板电脑一样的水平。智能电视这块"大屏"也被完全打通，整合进网络中。

随着跨屏技术的进一步发展，跨屏整合的概念也加入到程序化购买的行列中。从 PC 端到移动端，再到电视端，人们正处在多屏互动的时代，消费者的注意力分散在不同屏幕上，时间也愈发碎片化。通过多屏数据的分析，就可以知道不同屏幕背后是不是同一个用户。分析时主要采用两种方式：一种是根据用户注册信息产生的"精确同源"数据，来对用户进行准确的判定；另一种是根据用户的 WiFi、IP 地址等信息产生的"非精确同源”数据，来对用户的行为进行一定程度的判定。通过这两种技术方式的综合运用，实现对不同屏幕背后用户行为的分析与判断。

跨屏技术的实现，不仅拓宽了数据的来源，而且通过对来自不同屏幕的数据的比对分析得到一些新的发现。以悠易互通做过的一组汽车用户的调查分析为例，部分人群在手机上体现的属性主要为阅读、吃喝玩乐，几乎不具备汽车属性。不过悠易互通和百度合作拿到一批数据，在打通跨屏ID后发现，这些人群在PC端的数据显示，他们对汽车的购买意愿表现得非常强烈。也就是说，在没有跨屏的情况下，我们会认为他们是两组人，但实际上这是在不同屏幕上表现出不同行为的同一组人。

随着程序化购买的深入发展，所有屏幕都将陆续被整合进这个生态圈，在这个过程中，跨屏技术的实现显得尤为重要。跨屏程序化购买的实现，丰富了数据的获取渠道，提高了数据分析的准确性，使得网络广告的效果进一步提升。多屏时代，程序化购买可以对接多个屏幕的媒体资源，高效整合多维度的大数据，对用户进行跨屏追踪。相比以往单一屏幕的用户分析，跨屏模式下，无论是从时间上还是空间上都可以更加立体地进行拓展分析，这也意味着企业可以有更多时间及空间与用户发生交互沟通，从而提升精准营销的效果。

3. 从线上整合到线下

随着“互联网＋”概念的提出，互联网连接一切的本质愈发凸显，万物互联时代下的程序化购买，不再只是针对线上媒体之间的跨屏、跨终端，而是运用先进的技术，将PC端、移动端等线上媒体资源与平面、LED、户外、电影银幕和汽车等线下媒介连接起来，将多方数据整合在一起，形成一个完整的闭环，使获得的数据更加全面，为广告主提供更为精准的营销服务。

在程序化购买从线上整合到线下的过程中，户外广告是可以较早触达的领域，因为这个领域的数字化程度较高，通过程序化购买可以让户外广告发挥出更大的价值。比如，刚好有一位热爱旅行的青年路过户外 LED 广告屏，那么推送有关旅行、户外用品的广告效果会更好。在这个场景中，程序化购买是如何做到的呢？最重要的参考依据就是手机和场景的识别，这就是基于 LBS 的户外广告的强大之处。一旦线上和线下媒体之间的界限被打通并产生互动，品牌营销将会有更大的想象和发展空间。

三、程序化购买的不足

程序化购买是互联网时代的一场革命，原来的参与主体能找到自己的生存位置，但必须做到与时俱进，主动拥抱变化，否则会在产业升级的过程中被迅速淘汰。程序化购买在国内经过几年的发展，结束了起跑的过程，进入一个快速发展的阶段。不过也应该清楚地看到，目前国内的程序化购买还存在一些问题需要解决，只有妥善解决了这些问题，程序化购买在我国才能获得更进一步的发展。总括起来，主要有以下几个方面的不足。

1. 媒体广告位未完全开放

尽管程序化购买这一广告投放方式相较于传统的网络广告投放方式有很多的优势，但是目前国内的程序化购买还处于发展的初期，并没有像美国一样形成完整的产业链。程序化购买的很多关键环节，无论是产业链布局，还是业务流程、技术手段，还不够完善。门户网站、视频网站在某种程度上并不愿意接受程序化购买，因为经过十几年的运作，大部分网络媒体已经习惯了传统互联网广告的采购与售卖模式，这种模式为互联网企业带来了比较稳定的现金流，曾经是网络媒体的主要收入来源。一旦采用程序化购买，会打破它们以往按天售卖广告的方式。如果采用程序化购买方式后，广告收入并不一定高于传统的方式，就会对网络媒体的经营形成压力。尤其是一些较大规模的网络媒体都是上市公司，上市公司的股东很重视公司业绩，一旦出现业绩下滑，投资人有可能用脚投票，所以网络媒体对于是否完全采用程序化购买方式，态度并不十分坚决。

正因为如此，尽管很多网络媒体表现出对程序化购买的兴趣，并开始尝试采用，但媒体的优势广告位向程序化购买开放得不够充分是一个显见的问题。大多数网络媒体依旧将优势的广告位把持在自己的手中，并没有向程序化购买开放，而是采用传统的广告售卖方式，将其出售给愿意出较高价的品牌广告客户。它们只将浏览量较低的网络位置开放给程序化购买平台。这些网络广告位由于自身浏览量较低，采用程序化购买方式后的广告效果也不十分理想，给网络媒体带来的收益增幅不太显著，这又影响了网络媒体进一步将优势广告位开放给程序化购买。

2. 广告主对程序化购买还有疑虑

许多广告主对程序化购买非常关注，认为是大势所趋，但是疑虑也不少。概括来说，主要体现在以下几个方面：

第一，信任度问题。程序化购买在中国还属于比较新兴的网络广告投放方式，广告主对于程序化购买的认识不足。有些广告主连概念也不清楚，有些广告主只知道概念却从未实操过，还有些广告主也许实操过，却因为一时没有取得预期的效果而失去了信心。另外，程序化购买本身是一个全系统化、自动化的交易方式，一些公司为了短期利益，不惜弄虚作假，做了一些损害产业良性发展的事情，造成了广告主对程序化购买的信任危机。

第二，广告不够直观。不像电视广告、报纸广告等传统广告，采用程序化购买方式的广告主不知道广告在哪里，渠道客户与合作伙伴也无法直接看到。在中国市场，获得渠道客户的认可和信心是非常重要的。此外，缺乏品牌间的横向比较。不像在传统媒体投放广告，可以很直观地看到品牌在行业处于什么位置，以程序化购买方式投放的广告却看不到，没有一个横向比较的标准。

第三，安全性问题。广告主希望自己的广告（特别是品牌广告）和广告环境相匹配，至少不相冲突。如果有冲突，就会影响品牌的形象。这一点是很难直接监测和保障的。

3. 市场的标准化和协同互助不够完善

程序化购买不是有几家大公司参与就可以实现的，它是一个由整个产业链中扮演不同角色的各类公司共同组成的生态系统。程序化购买的顺利实现需要整个产业链的协助，比如 DSP，Ad Exchange，SSP，DMP 和第三方检测等，但目前看来，市场的标准化和协同互助还不够完善。比如，国内程序化购买标准还较为欠缺和模糊，各平台之间的数据交换总体上还比较少，这些都是程序化购买行业存在的比较突出的问题。

案例 6—1 中美史克新康泰克通气鼻贴的程序化购买

案例背景

2015 年 5 月，中美史克为了增加其产品——新康泰克通气鼻贴的曝光量，促进销售，携手互动通，利用程序化购买平台对目标客户及潜在用户进行精准的广告投放。通过程序化购买，以合理的预算多方位覆盖目标人群，实现品牌的高强度曝光，获得了受众的关注。

传播目标

（1）对有购买通气鼻贴需求的目标人群进行有针对性的广告投放，进一步提高新康泰克的品牌认知度和关注度。

（2）吸引受众参与 H5 页面互动，为新康泰克网站引入规模流量，促进有效的行为转化。

传播策略

本次广告投放的目标受众是有鼻塞困扰的人群及潜在用户。针对新康泰克通气鼻贴的产品特性和受众的病理特征，互动通运用 hdtDMP 数据管理平台，从海量数据中筛选目标人群，并结合广告投放过程中收集的受众数据，进行目标人群的精准覆盖。

在投放过程中，为了确保广告的有效实施，互动通通过程序化购买平台 hdtDXP 不断优化算法，实时调整传播策略，在不同的媒体上，分流量、分频次、分人群进行有目标的广告投放。

首先，根据客户的广告投放时间要求及目标用户的生活习惯，在 20:00—24:00 时段进行广告投放。接着，运用两版不同的广告，结合人群重定向技术进行广告投放。根据投放效果，及时调整不同广告版本的曝光强度。最后，运用程序化购买方式，从互动通多年积累的媒体资源中挑选合适的 APP，并结合优质广告版位，实时调整投放策略，最终在受众较集中的健康医疗类、母婴类、生活类、社交类及教育类等优质移动 APP 上进行推广。图 6—6 和图 6—7 展示了新康泰克通气鼻贴 A 版本和 B 版本广告。

图 6—6 新康泰克通气鼻贴 A 版本广告

图 6—7 新康泰克通气鼻贴 B 版本广告

执行过程

根据新康泰克通气鼻贴的产品特性，参考各版本广告的点击效果，调整各版本素材的投放量，以获得更高效的展示机会，吸引更多的点击，提升用户的购买兴趣。

投放过程分为三个阶段，分别为学习期、迭代期和效果期。

（1）第一阶段为学习期。在新康泰克通气鼻贴广告的投放过程中，基于早期广告投放的各垂直类 APP 的投放效果和点击人群等主要维度，进行点击人群兴趣分类，从而了解到在教育类、阅读类、健康医疗类、生活类等 APP 上的广告效果比较好，再适当地对投放媒体进行筛选。

（2）第二阶段为迭代期。在此期间，调整预算和 CPC 出价，依据投放效果调整两版广告的投放频次及曝光强度，并选择在南方周末、美图秀秀、搜狐视频等效果比较好的 APP 上加大投放力度，增大广告曝光强度；根据客户的投放时间需求和目标受众的病理特征，在 20:00—24:00 间加强广告投放。在广告投放过程中，增加不同的投放渠道，以保持人群的新鲜度和活跃度。

（3）第三阶段为效果期。运用前期投放过程中收集到的新康泰克通气鼻贴受众信息，结合系统自动优化算法，进行媒体、时间、人群等重新定向，将广告精准投放至目标人群，促使更多的流量到达相关页面，吸引大批受众参与到活动中并产生注册行为。

传播效果

本次广告投放时间是 2015 年 5 月 11 日—6 月 14 日。活动投放期间，共吸引 9 355 名受众参与互动，其中有 844 名受众转化为注册人群，转化率达 9%，优于行业一般水平；曝光量 17 776 966，点击量 197 566，点击率为 1.11%，广告精确地定向目标人群，使得更多的流量到达相关页面，品牌认知度得到大幅提升。

资料来源：改编自互动通．互动通程序化购买案例：新康泰克通气鼻贴［EB/OL］．［2016－12－01］．http：//www.hdtmedia.com/archives/5734.

讨论题

1. 中美史克为什么要采用程序化购买的方式来投放新康泰克的广告？
2. 互动通是如何通过海量用户的数据分析为新康泰克进行精准广告投放的？
3. 互动通是如何通过对反馈数据的分析进行广告投放策略调整的？

案例 6—2 高通开发中国市场，发力程序化购买

2016 年第一季度，总部设在美国的世界上最大的无线电通信技术公司——高通（Qualcomm），携带其全新企业品牌“此刻享未来”在中国进行大范围宣传，并首次试水程序化购买，向目标受众讲述高通创新技术如何改变人们的生活。

相较于传统广告投放，程序化购买通过领先的算法和技术，在大数据的支持下，实现了从媒体购买到受众购买的转变，它在引流曝光、人群细分、精准覆盖上有着品牌广告主意想不到的效果。程序化购买的精准性和高效性，让广告主的每一分钱花得更有价值。

因此，找到目标人群，进行精准定向，是高通选择程序化购买的主要关注点。

传播目标

（1）在优质可控的媒体上，对特定目标人群（合作伙伴与客户、高校高科技研究人员、IT 爱好者等）进行精准曝光，提升受众对高通新企业品牌的认知度、好感度和美誉度。

（2）完成预期的曝光量、点击量，最大化降低广告成本，最大化提升广告可视率（viewability，又称可见度）。

投放策略及实施

舜飞公司的 BiddingX 运用海量人群数据库、领先的算法技术和智能优化技术，以“核心 + 细化 + 强相关辐射 + 提升”的策略帮助高通实现对目标人群的有效覆盖。

1. 人群标签定向，锁定核心人群

依托舜飞公司 BiddingX 自有 DMP 和第三方 DMP 的超 10 亿人群数据库，从身份属性、兴趣爱好、购买倾向三个维度定向目标人群。

在投放前期，在广度上初步选择一定年龄段，对 IT 数码、新闻资讯、金融财经、汽车、游戏、教育感兴趣的人群，广泛覆盖目标人群。同时，针对不同目标人群，进行差异化的人群标签定向。

在投放中期，当访问人群数据积累到一定量级以后，从访问互动的人群中找到身份属性、兴趣爱好、购买倾向更符合高通要求的核心目标人群进行重点投放。

2. 地域+IP+LBS 定向，细化目标人群

前期采用全国泛投的形式，在投放过程中根据不同地区数据表现进行预算倾斜调整，以点击效果和互动效果更好的一、二线城市为主要传播阵地，锁定更多目标人群，排除数据表现较差的城市。

在人群标签定向的基础上，结合运用 BiddingX 自身所积累的 IP 和 LBS 数据库，针对不同目标人群进行定向，如高校 IP 定向、IT 园区 LBS 定向等。

3. 强相关行为定向，扩大目标人群

利用舜飞公司的网站监测工具，实时追踪监测访客的行为轨迹，并根据访客行为表现，对人群进行优化调整。

筛选出点击效果和互动深入的来源媒体，加大对此类媒体的定向投放，并通过人群建模分析挖掘此类媒体的访问人群，扩大对有相似兴趣的潜在人群的投放。

通过搜索关键词抓取形成高通搜索关键词列表，并利用算法模型挖掘近期搜索过高通品牌或产品、有直接需求的强相关人群，进行定向投放。

4. “白名单”媒体定向，提升有效曝光

“PC＋移动”多屏联动，对精准人群曝光，还需要保证媒体曝光的优质和可控性：投放过程中，通过 BiddingX 可视率自动探测技术和广告位自动过滤机制，实时优化媒体点击和可视率效果；针对页面内容进行筛选过滤，排查媒体环境，使广告在最优质的媒体上对目标人群实现最有效的曝光。

广告创意及展示

图 6—8 和图 6—9 分别为高通的广告创意和广告展示。

图 6—8　高通的广告创意

图 6—9　高通的广告展示

投放效果

在数据和技术的支持下，BiddingX 的多重组合定向策略为高通锁定了更多目标人群，实现了精准传播。同时，BiddingX 的智能竞价和优化技术在媒体优化上做到了优质、安全和成本可控，广告实际效果大大超出预期。高通的数字营销策略向精准化转变的第一次尝试成功了。

● 实际总曝光量达 1.5 亿次，完成率超过 130%；总点击量超过 98 万次，完成率超过 250%。

● CPM 成本比预期降低了 25.5%，广告预算节省了 23.4%；CPC 成本比预期降低了 62.5%，广告预算节省了 61.2%。

● 广告可视率高达 79%。

资料来源：改编自今日头条 . Qualcomn 向中国市场发力　试水程序化广告投放 [EB/OL]. (2016-08--05) [2016-12-01]. http: //www.toutiao.com/i 16315374704035103234/.

讨论题

1. 舜飞公司是如何帮助高通锁定核心人群的?

2. 锁定核心人群后，如何扩大对有相似兴趣的潜在人群的投放?

3. 舜飞公司通过哪些方法实现对目标人群的有效覆盖?

第7章

大数据公关与促销

苏宁易购“8·18”大促

2016年，苏宁易购“8·18”周年庆大促销售成绩漂亮，据第三方公证的销售结果，8月18日当天，苏宁易购订单数220万单，销售额同比增长390%。在各种造节活动泛滥、转化率持续降低的市场环境下，为什么苏宁易购的这场大促能这么成功?

为了从茫茫网海中找到精准用户，苏宁易购找到搜狗。以推广高效著称的搜狗是中国用户量排名第三的互联网公司，产品覆盖近5亿用户，其日益强大的大数据分析系统为精准营销提供了数据基础。同时，搜狗还为苏宁易购打包了一系列基于搜索的推广资源，包括搜索皇冠、活动专区、默认热词排行榜等。搜索是由用户主动发起的，每一个搜索背后都是真实的用户需求。在搜索环境下根据关键词推送苏宁易购“8·18”大促的信息，并以丰富抢眼的形式展现，能实现对精准用户低打扰、高匹配的引流。

第1节 大数据公关

一、大数据时代的公关变革

随着互联网的广泛应用及大数据时代的到来，作为营销传播重要工具之一的公关正在发生深刻的变化，面临以下几个方面的变革。

1. 公众自我意识提升

大数据时代的公关活动应更加重视自我意识不断提升的公众。大数据技术的应用不仅凸显了公众中心的重要性，而且为真正做到以公众为中心提供了可能性。大数据技术提供了精准的用户画像。企业具有公众数据管理能力、数据分析能力，并建立了相关公众的信息数据库，为实现以公众为中心的公关提供了数据支持，从而为与公众保持长期良好的关系打下了坚实基础。

2. 公众细化程度加深

传统的公关活动是向公众提供满足普遍需求的信息，随着技术的不断发展，作为公关对象的公众的细化程度也随之加深，传统的普适性公关信息已经无法满足公众的个性化需求。

大数据时代的信息爆炸分散了人们的注意力，人们接触到各种各样的信息，由此培养出不同的媒介接触习惯和信息消费习惯。自由的信息获取渠道，使得人们对信息进行“选择性接触”和“选择性理解”。因此，公众对于公关信息的接收是有选择性的，差异化的公关活动成为时代所需。

3. 公关应对难度加大

首先，公关应对难度加大体现在应对时间缩短。移动互联网时代信息的传播速度越来越快，信息量也越来越大，任何地方的任何人都能迅速获知地球上其他地方的信息。企业潜伏的质量问题、安全问题、经济问题、市场问题等在一定条件下可能随时爆发。危机事件发生后，在网络上传播的速度极快，这就大大缩短了企业应对的时间。

其次，公关应对难度加大体现在负面信息更易被公众获知。从用户在新闻网站的浏览记录、在电商平台的购物记录，到在社交媒体发布、分享的内容以及社会关系，再到地理位置、生活轨迹，这些信息都在网络上以指数级的速度增长，这给公关活动带来双重影响：一方面，丰富的数据内容能准确定位公关对象，使公关活动更加精准有效，而且多元化的手段、模式、平台可以组合出更加新颖、令人印象深刻的公关模式；另一方面，每一个重大突发事件都伴随着海量的信息在互联网和其他媒体上传播，信息量之大和传播速度之快都是前所未有的，加之公众获取信息的渠道多样，能接触到的信息量大幅增加，因此当不利于企业的事件发生时，负面信息的传播渠道更加多元化，从而增大了公关管理者的应对难度。

二、大数据公关策略

大数据的应用可以贯穿公关活动的整个过程：在公关活动开展之前，要想有一个科学的决策，就必须有大数据提供的事实做支撑；在公关活动开展的过程中，需要大数据不断反馈活动的执行情况，并在此基础上对公关活动进行调整、完善；在公关活动开展之后，还需要利用大数据做精准的效果评估。[①] 具体而言，大数据公关主要有以下几个策略。

1. 公关对象精准化

与传统媒体环境下主流媒体覆盖公关对象不同，大数据时代的公关对象呈现出碎片化趋势。公关对象围绕着社交媒体形成一个庞大的网络，而其中每个社交媒体网络的参与者都有自己的偏好和态度。这就要求公关人员借助大数据技术，对公关对象精准划分，针对不同偏好的公众，以不同的方式来满足其需要。

美国公关学者格罗尼格和亨特（Groeneg and Hunter）按公众发展的一般过程将公众分为“非公众”“潜在公众”“知晓公众”和“行动公众”四种类型，传统的公关只能通过大众媒体来对公众传达信息；运用大数据技术则能够对公众进行精准细分，准确获知某一用户的人口统计特征（如性别、年龄、职业等）、兴趣爱好、消费偏好、社会关系网络等信息，以此确定该用户属于哪种类型的公众，并根据其特征定制公关策略。

2. 信息发布数据化

大数据给人们的思维方式带来了重大改变，比如，数据新闻等新形式的媒体内容正在改变我们认知世界的方式，用数据说话、数据为王的理念逐渐深入人心。因此，大数据公关的一个重要原则就是公关信息发布的数据化，这是客观真实原则在大数据时代的新要求。公关信息发布数据化必须注意三点：第一，任何大数据都必须追溯其真实性和可靠性；第二，要对海量数据进行筛选，去粗取精、去伪存真；第三，要对数据的背景及其反映的情况做出合乎逻辑的判断。

---

① 王竹君．公关行业的大数据应用［J］．国际公关，2016（4）：70－75.

3. 舆情监测实时化

大数据技术能够让企业监测到真正的问题。通常，公关部门通过在媒体中植入故事来吸引人们关注产品、服务和企业本身，或者通过新闻媒体来进行危机公关。这样的公关难以聚焦真正的公关问题。通过大数据技术，企业可以实时了解社交媒体上关于产品和品牌的正面或负面信息，并迅速反应，及时做出调整。在浩如烟海的互联网世界中，要通过人力来监测负面信息，工作量实在太大，且无法穷尽；但利用大数据这个“哨兵”，就可以做到全面、精准地把握负面信息动态，及时妥善处理，从而避免更大危机事件的爆发和蔓延。

4. 技术应用人性化

大数据技术无时无刻不在记录人们的行为轨迹、生活动态，由于这些数据包含隐私信息，若不加考虑地滥用，将会造成用户的反感和厌烦，甚至对消费者的人身财产造成危害。事实上，在大数据时代，尊重消费者隐私本身就是一种明智的公关策略。例如，美国某公司对顾客的消费数据进行建模分析后发现，孕妇在妊娠期会购买无香味护手霜，并且在怀孕的前20周会购买大量的钙、镁等补剂。有了这一发现，公司本可以直接向孕妇投放孕期产品广告，但是为了避免引起消费者的反感，公司将这类商品的信息与其他商品的信息一起投放给孕妇。这种做法不仅带来了销量的增加，而且尊重了消费者的隐私和情感，为公司创造了良好的口碑，提升了公司在公众心目中的形象和地位。

第2节　大数据促销

月初吃过一次牛排，月底快到了，二次消费有优惠的活动来了；当你刚买完单，正准备坐在餐馆和朋友再聊会儿天时，一张K歌5折券及时发送到你的手机上，提醒你接下来可以去唱歌了……越来越精准的促销推送可不是巧合，商家根据大数据分析描绘出你的消费习惯和特征，并在最合适的时间将这些你很可能用得上的优惠推送到你的面前。

一、大数据时代的促销变革

虽然传统促销和大数据促销的目的都是吸引消费者关注，激发他们购物的欲望，从而更多地销售产品或服务，但大数据技术的运用让促销活动更有针对性。

大数据技术强大的数据分析和挖掘能力，改变了促销活动中市场调研、促销商品定价和促销信息传播的方式。

1. 市场调研方式变革

在开展促销之前，促销方应当对促销目标、促销工具、消费者需求进行调研，使促销活动有的放矢，以取得更好的销售业绩。传统的促销调研往往只能根据已有的销售记录来进行，调研结果不够精确。大数据技术的运用，使促销者不仅能够准确得到消费者的购买记录、购买偏好，分析出消费者的购买能力，甚至能够通过对关联数据的分析，预测消费者的购买需求。这样，就能为促销活动找到准确的目标消费群体，并根据这些消费者的偏好有针对性地制定促销计划。

例如，山姆俱乐部（Sam's Club）于 2009 年 8 月实施了“eValues”项目，该项目根据会员之前购买的商品、购买时间、购买价格等历史交易数据，了解到顾客购买某一商品的频率以及对价格的敏感程度。比如顾客喜欢喝美式咖啡，但对价格比较敏感，就为他提供 10 美元的美式咖啡优惠券或者 8 美元的通用优惠券，并将这些个性化的电子优惠券发送到顾客手机上。山姆俱乐部的这种做法不但能吸引顾客购买更多商品，而且能提高顾客的满意度。

2. 促销定价方式变革

如何对促销商品定价一直是困扰商家的问题。价格不是市场或产品的简单依附，而是代表着产品的用户指向，是调整购买能力与购买意愿的重要杠杆。在大数据时代，促销定价的顾客导向和差异化定价的意义更加凸显。顾客导向强调将顾客群细分，充分了解潜在的顾客，并采取不同的促销方案锁定顾客；差异化定价则强调面对不同消费阶段的顾客采取更灵活的定价，为每个需求层面找到最佳的供应方。这时大数据就有了用武之地，分析顾客的行为并快速总结规律，在此基础上结合顾客的消费能力实现促销活动的精准定价。

3. 信息传播方式变革

在传统的促销活动中，促销方只能发传单或通过大众媒体来传播促销信息，这样的传播方式不是建立在信息双向传播的基础之上，而是单向的传播。这种方式带来的效果不理想，不能保证促销信息到达目标消费者，而且不能及时获知消费者对于促销信息的反馈。大数据时代，促销信息的传播方式则是多元且精准的。通过对用户的网站浏览记录、网购记录等数据的追踪，能够分析出该用户是否为目标消费者，然后通过程序化购买，让促销信息在合适的时间出现在合适的消费者眼前。在传播过程中，促销方能及时获取消费者的反馈信息，适时调整促销方案。这样不但节省了促销费用，而且使促销信息的传播效果更佳。

二、大数据促销策略

1. 基于海量数据的市场调研

市场调研能为促销活动的成功提供事实基础。大数据时代，商业环境更加复杂多变，要想从海量的数据中甄别出有价值的信息，除了提升信息处理技术之外，还要改变传统的市场调研模式。传统的用于市场调研的抽样及数据分析技术已不再适用于大数据的分析。营销人员需要再学习，掌握更多的数据处理与分析的技能，以适应大数据时代对促销的新要求。

零售商百思买（Best Buy）在北美的销售活动非常活跃，产品达到3万多种，产品的价格随地区和市场条件而异。由于产品种类繁多，成本变化比较频繁，一年之中，变化可达4次之多。结果，每年的调价次数高达12万次。最让管理层头疼的是促销产品如何定价。为了解决这一问题，公司组建了一个11人的团队，希望通过分析消费者的购买记录和相关信息，提高定价的准确度和响应速度。首先，这个团队收集了上千万消费者的购买记录，从消费者的不同维度加以分析，了解消费者对每种产品的最高接受能力，从而为产品确定最佳价位。其次，团队除了分析购买记录这种结构化的数据外，还分析了社交媒体内容这种非结构化的数据。由于消费者需要在零售商专页上点赞或留言以获得优惠券，团队利用情感分析公式来分析专页上消费者的情绪，从而判断他们对于公司的促销活动是否满意，以及时调整促销策略。最后，为了实现价值最大化，团队根据数据开展实时或近似实时的促销活动：他们成功地根据一个消费者既往的麦片购买记录，向身处超市麦片专柜的他即时发送优惠券，为他带来便利和惊喜。通过这一系列的活动，百思买提高了促销的准确度和响应速度，新增销售额数千万美元。

2. 促销信息的精准投放

在大数据时代，基于数据分析的企业促销活动更加精准。许多企业通过互联网收集消费者网页浏览、信息查询、购买时间和购买频率的行为数据并加以分析，判断消费者的习惯与偏好，对消费者进行精准定位，制定出有针对性的促销策略，实现促销效果最大化。以菲兹牛排为例，商家的数据分析显示，客人在吃过一次牛排后，在第 23 天回头客最多。于是商家在第 20 天左右开始发放二次消费促销券，结果促销券核销率比之前大幅增长，促销效果显著。

此外，商家还可以根据消费者的位置信息推送个性化的促销广告。例如，苹果公司开发的 iBeacon 功能让商家能够向那些在店内主动选择接收信息的用户发送促销广告。比如你在店内的男鞋区，正要经过衬衫区，店家就可以向你发送衬衫的折扣信息引导你进入该区域。该区域内的商家还可能向你推荐某品牌的衬衫，因为这是和你一样在男鞋区买过同款鞋子的其他顾客所买过的商品。[①] 图 7—1 显示了商家通过 iBeacon 功能向用户精准推送促销广告。

3. 根据反馈信息实时调整促销策略

大数据为企业带来的另一个机遇就是可以在促销活动中实时监测促销

---

① 施韦德．大数据经济新常态：如何在数据生态圈中实现共赢［M］．北京：中国人民大学出版社，2015：58.

图 7—1 商家通过 iBeacon 功能向用户精准推送促销广告

效果，根据反馈对促销策略及时调整与改进。传统促销属于直线单向型，企业无法根据促销效果对其促销活动进行及时的调整；而大数据促销属于分段双向型，整个促销活动分为不同的节点，每个节点上都有适时的信息反馈，以便企业及时做出调整。

案例 7—1 扭转“假货”形象：阿里巴巴利用大数据打假

淘宝曾充斥着 100 元的“耐克鞋”、1 000 元的“爱马仕包”这样的淘宝货，你敢不敢买？淘宝和天猫连续几年举办“双十一”活动，阿里巴巴集团创造了销售奇迹，让人们意识到电子商务的巨大威力，但阿里巴巴也面临严峻的挑战：扭转在用户心目中假货泛滥的形象。

2015 年，阿里巴巴安全部正式成立。第三届国家网络安全宣传周于 9 月 19 日在武汉开幕，阿里巴巴安全部高调亮相。这个被称为“神盾局”的神秘部门到底是如何通过技术进行打假的？

数据追踪，假球衣制造窝点被打掉

2015 年年底，广州越秀区警方根据阿里巴巴集团的线索，打掉两个团伙共 5 个运动服假货窝点，抓获犯罪嫌疑人 9 名。

案件回溯到 2014 年 6 月，世界杯的火热带动了运动品牌的热销，各国家队球衣尤其畅销。为防止假货泛滥，阿里巴巴加大了对这些产品的筛查。后台监控模型把每个商品的价格数据、投诉数据、商品描述数据纳入监控，每分钟扫描一遍。其中，有几家店铺的品牌球衣信息异常，被系统识别为可疑。阿里巴巴根据系统识别的账号，分别进入店铺审查，发现这些商品的描述中品牌含糊，实物照片没有正面图像，有些商标被打上了马赛克。

为了彻底消除线下假货制造窝点，阿里巴巴并没有对这些店铺进行简单的封店操作，而是锁定了嫌疑人账号继续调查。在阿里巴巴注册网店时会经过 18 道审核，包括店主手持身份证的照片，这些信息都在阿里巴巴数据库中。利用这些数据，阿里巴巴安全部最终锁定了嫌疑人，并确定了团伙位置和主犯身份。

阿里巴巴安全部首先将销售平台的商品信息、商品图片录入并建立数据库，收集的各类违规假货的图库达到百万级；然后利用智能图像识别、数据抓取与交叉分析等大数据技术，对销售平台上的商品进行实时监测，监测系统每天对数据库信息的调用次数达到亿级，通过识别图片中商品的品牌判断商品的真伪。当发现异样商品信息时，展开智能追踪，从而将假货从 10 亿量级的在线商品中抓取出来。

要摘掉“假货”帽子仍须努力

虽然大数据打假看起来很酷，但是花费不菲。阿里巴巴公布，近两年在消费者权益保障及打假上的投入已经超10亿元。阿里巴巴目前从事消费者权益保障及打假工作的员工超过2 000人，“神盾局”肩负安全技术、数据挖掘、专案打击、品牌合作、消费者保障、投诉受理等数十项职能。阿里巴巴的打假与卖家的售假仍在不断地博弈，安全部表示，有可能根据数据库信息打造全国线下假货分布及流通地图，并对重点区域、类目等信息进行注明。

从成立淘宝到成立天猫，从天猫推出“超级品牌日”再到“神盾局”公开亮相，阿里巴巴为了扭转自己在公众心目中假货泛滥的形象，不断地采取新举措。利用大数据打假，不仅有助于阿里巴巴改变公众形象，更有利于保障消费者权益。到底效果如何，阿里巴巴要继续接受消费者的检验。

思考题

1. 阿里巴巴如何利用大数据打击假货？

2. 除了打击假货以改变企业在消费者心目中的形象外，大数据还能为阿里巴巴的公共关系做哪些工作？

3. 在利用大数据进行公关传播时，哪些优势是传统公关所不具备的？

案例7—2 三只松鼠的新品促销

2012年上线的三只松鼠一直是食品类目的领先者，近几年，其领跑姿态愈发显现。2015年“双十一”，三只松鼠实现了2.51亿元的日销售额，成为食品类目的销量四冠王。同年，三只松鼠旗舰店单店销售额突破18亿元。2015 年“6·18”年中大促时，三只松鼠推出果干类产品，与坚果产品的促销同步展开。

利用大数据扩充促销品类

2015 年年初，三只松鼠运营团队通过数据分析发现，坚果类目增幅趋于平稳，但与坚果强关联的品类如果干、肉类等快速崛起。为了进一步验证，三只松鼠利用阿里巴巴生意参谋平台，获取了顾客分布与流量地图、同行业产品交易销售量、销售额变化等信息。从数据得出，2015 年 5—6 月，果干类目的交易指数较 2014 年同期上升了 25%，与坚果类目相当，这表明其市场空间巨大。由此，运营团队决定以果干作为尝试，试水产品品类扩充。

通过大数据对促销对象画像

三只松鼠利用阿里巴巴生意参谋平台的人群画像工具，对行业内消费者在全国的分布区域、站内外流量数、身份特质等数据进行分析，发现坚果与果干/肉脯等品类的受众人群惊人地相似，主力消费人群都是学生，分别占到 46.83%和 47.21%，其次是公司职员、个体经营/服务人员。

受众人群吻合度高，坚果类产品的促销对象同样也是果干类产品的促销对象，三只松鼠利用数据画像锁定了促销的目标。

2015 年“6·18”年中大促时，作为果干上线后第一战，三只松鼠果干类产品当天销售额高达 600 万元，良好的市场效果充分印证了促销新品类的正确性。自上线以来，果干类目总销售额突破 4 亿元，增长稳定。三只松鼠通过松鼠云质量平台，利用数据连接上游厂商和下游服务者，根据用户评价方面的数据对品质实施倒逼改善，促进食品安全的提升。果干的促销成功让三只松鼠迅速进行品类扩充，最终创造年销售额 18 亿元的奇迹。

借力大数据进行后续广告植入

三只松鼠通过对网络搜索词的分析发现，热播电视剧对在线销售的影响十分明显。例如，在电视剧《琅琊榜》的播出时段，淘宝上的零食搜索随着剧集步入高潮而达到峰值，并且在网络点播以及重播的影响之下，后期依然会有可观的搜索流量。

三只松鼠立刻进行布局，通过大数据对销售人群进行画像分析，成功将广告植入《欢乐颂》《好先生》《小丈夫》等热播剧，获得良好的销售业绩，在电视剧热播期间，品牌词搜索指数上升非常明显，超过了全零食类目热度最高的零食。

思考题

1. 三只松鼠为何要在“6・18”年中大促时推出果干类产品?
2. 三只松鼠如何确定促销对象并对其制作画像?
3. 结合案例，讨论大数据在商家促销过程中的作用。

第8章

大数据营销伦理

Verizon 侵犯用户隐私

美国联邦通信委员会（Federal Communications Commission，FCC）发现当地最大移动营运商 Verizon 的无线部门侵犯了用户隐私。该公司在用户的流量里植入了特殊的追踪码（super cookie），用于识别用户的独特消费行为，并提供相关数据给外部广告商以制作有针对性的广告，因此 FCC 认为 Verizon 的行为违反了网络透明性规范。同时，某调查员在暗网[①]论坛上偶然看到了 Verizon 公司被黑客盗窃的 150 万用户的联系细节，其中包括一些《财富》500 强企业。细节显示，卖方既可以整包出售，也愿意以每 10 万条记录 1 万美元的价格成交。

具有讽刺意味的是，Verizon 公司通常会帮助《财富》500 强企业应对大型的数据泄露事件，提供解决方案，此次却成为被攻击对象，泄露的信息无疑将给黑客带来巨大的收益，也将给用户带来巨大的隐患。

① 暗网又称深网、不可见网、藏网，是指那些存储在网络数据库里，但不能通过超链接访问而需要通过动态网页技术访问的资源集合，不属于那些可以被标准搜索引擎索引的表面网络。

随着大数据时代的到来，消费者在社交媒体、购物网站等平台产生的数据信息，以及企业的内部信息，都蕴藏着巨大的商业价值，成为宝贵的财富。同时，与大数据营销有关的个人隐私安全、数据财产安全、骚扰信息泛滥等问题也成为一种挑战，引起人们的格外关注。在这样的背景下，对大数据营销伦理及其治理问题的研究显得十分重要和迫切。

第1节 大数据营销的信息安全

一、大数据营销的信息安全隐患

由于互联网技术的飞速发展，与我们的生活和工作相关的各类信息都被存储，不管我们是在上网、打电话、发微博微信，还是在购物、旅游，我们的行为随时被监控分析。利用大数据技术对用户信息进行追踪挖掘，使得信息安全问题日益凸显。大数据技术本身在伦理上是中立的，无所谓善恶。然而，这种技术却经常被拿来行不法之事。谷歌的一位工程师曾说："我们根本就不需要名字，名字对我们来说完全多余。谷歌数据库中记录有网民搜索历史、位置数据、个人喜好等大量信息，这足以让谷歌间接地了解一个人。"①

诚然，大数据技术能有效减少无效营销信息对用户的骚扰，但在实践中却存在灰色甚至黑色地带，这对个人和企业都产生了威胁。对个人来说，隐私信息等数据的保护不当，无疑会造成巨大的负面影响；对企业来

① 李彤．论大数据时代网络隐私权的保护［D/OL］．保定：河北大学新闻传播学院，2014.

说，自身所拥有的数据早已成为一种财产，凭借大数据技术将发挥巨大的作用，但面临着被入侵、窃取等诸多风险。例如，2015 年英国宽带运营商 TalkTalk 曾被反复攻击，最终造成 400 余万用户的隐私数据泄露。10 月 23 日，该公司证实发生用户隐私数据泄露，其中包括用户姓名、地址、出生日期、电话号码、电子邮箱，甚至信用卡或银行账号等信息。事实上，这已是 TalkTalk 在 2015 年第三次遭受黑客攻击，但即便早有预警，这次攻击依然造成了巨大的损失。

大数据营销的信息安全隐患主要集中在以下几个方面。

（1）身份信息暴露。大数据技术对个人身份信息的影响体现在两个方面：一是现实社会中的身份信息，即某用户的人口统计信息以及相关的间接信息，如姓名、性别、年龄、民族、婚姻、职业、受教育程度、地址等，也包括配偶子女的信息、社会活动经历、个人信用信息等足以识别该用户的信息；二是数字身份信息，即在数字时代，可以通过计算机或网络使用、存储或转移处理的身份，如社交网络账号、邮箱信息、网上银行信息等。

不管是哪种身份信息，面对大数据技术的用户追踪、数据挖掘等功能，其安全性都岌岌可危，不仅面临着被网络平台监测并商用的风险，还面临着被窃取信息、盗用数字身份的风险。

（2）信息控制权减弱。在传统媒体时代，对个人信息的获取、公开难度较大，公众对自身保有相对较高的控制权，可以自行选择是否向媒体或企业告知个人信息。然而在大数据时代，公共空间和私人领域的界限日渐模糊，我们每天产生的上网记录、在线支付记录、定位记录，都可能将我们的信息暴露给外界。数据挖掘能轻松做到对用户信息的收集、关联分析，利用诸如个人经历、兴趣喜好、社交关系等信息，描绘出用户画像。

同时，信息传播、复制的便利，使得他人能够获取我们的“信息污点”，用作他途。我们对个人信息的控制权不断减弱。

(3) 不良信息泛滥。大数据时代的特点之一体现在各种类型的信息都能在网络上迅速找到，人们能够获取的信息量空前巨大；其次体现在垃圾信息冗杂，人们往往对铺天盖地的骚扰信息和不良信息应接不暇，学习、生活、工作被严重干扰。在互联网这个虚拟空间里，各种有害信息越来越多，从传播色情材料、造谣惑众，到传播病毒、盗窃账号、网络诈骗，再到贩卖假药甚至毒品、枪支等信息泛滥，更可怕的是，恐怖主义也利用网络来传播危及世界安全的信息。这些不仅对个人产生负面影响，更是国家、社会和企业的安全隐患，不能不加以警惕和防范。

二、大数据营销信息安全隐患的治理措施

1. 信息分类

大数据营销涉及的信息类别多、范围广，个人兴趣爱好、购物记录、媒介使用习惯甚至购买能力等都成为商家关注的重点。这些信息中，有些与个人身份有直接联系，有些则是间接联系。为解决大数据营销的信息安全隐患，建立起个人信息的分级保护机制尤为重要。

首先应该采取的措施是对信息进行分类，明确信息的保护级别。英国曾在1998年《资料保护条例》中将个人信息分为敏感信息和琐细信息。敏感信息是指公众的种族、政治观点、宗教信仰或与此类似的其他信仰、生理心理状况、性生活或法律诉讼等信息；琐细信息是指不涉及个人隐私的信息。这为我们提供了对大数据营销信息进行分类的方向。

2014年3月，我国出台了第一部规范互联网定向广告用户信息行为的规定——《中国互联网定向广告用户信息保护行业框架标准》，它指出用

户信息包括身份关联信息、非身份关联信息以及经去身份化处理的行文样本信息。其中，身份关联信息是指能够单独或通过与其他信息相结合，识别特定用户的个人信息（如用户姓名、出生日期、电话号码）或这类信息的集合。通常大数据技术的定向追踪所收集的信息是关于浏览器或移动设备使用痕迹的，不会涉及使用者的身份信息。但是，进一步的数据挖掘有可能探测到一些隐私信息。因此，个人信息分级保护是解决信息安全的关键所在。

一般认为，用户的姓名、地址、通信方式、身份证号码、银行账号等信息保护级别应该较高，这些信息直接关系到身份辨识和人身财产安全；购物偏好、社交关系、网页浏览记录、地理位置信息等互联网行为轨迹信息次之；品牌忠诚、兴趣爱好等数据的保护级别最低。

2. 明确信息收集原则

在对信息进行分类之后，还应规范企业收集用户信息的行为，明确信息收集的原则。

（1）最少够用和必要原则。《中国互联网定向广告用户信息保护行业框架标准》规定，对用户信息的收集应当遵循“最少够用和必要原则”，意即应将收集用户信息的类型、数量控制在能达到收集信息目的的最低程度，收集和使用的用户信息应仅限于单位的合法商业目的和实现单位对用户的服务所必需。这条原则不仅适用于商业目的，同样适用于政府对公民的信息监控。2001 年美国出台《拦截和阻断恐怖主义法》，授予美国政府监控公民的电话、邮件、医疗、金融和其他类型信息的权力。结果是斯诺登揭露美国政府的执法部门滥用监控权力，侵犯了美国以及相关国家公民的人权，引起全世界的抵触。大数据技术的应用，不论在哪个方向，都应努力权衡可能的风险，以不伤害他人权益的伦理原则为底线。

（2）个人参与原则。该原则是指个人有权知道自己的信息是否被收集、哪些数据被收集，并有权要求收集方修改或删除。不管是门户网站、社交软件，还是政府部门，在收集用户的敏感信息、地理位置信息或社会关系等信息时，应及时通知用户，以获得用户对于收集和使用此类信息的明确态度。2010年美国联邦贸易委员会就作出规定，要求浏览器公司在浏览器中设置“Do Not Track”（禁止追踪）系统，以保证用户免于被浏览器追踪上网记录，这是互联网技术对信息收集的个人参与原则的一次重要实践。

第2节 大数据营销的个人隐私

大数据营销的风险之一就是隐私问题。如今还有很多并不善良和诚实的企业，使得大数据存在一些潜在的风险。[①] 在进行大数据营销时，必须考虑消费者的隐私问题，否则无法完全发挥其潜能，甚至会给消费者造成伤害。

一、大数据营销的个人隐私问题

2016年第一季度，安徽省工商管理局在对市场上销售的手机进行质量抽检时发现，有至少6个型号的手机存在收集消费者位置信息的行为，这些手机中的预置软件会在机主完全不知情的情况下，通过WiFi网络、基

① 弗兰克斯．驾驭大数据［M］．北京：人民邮电出版社，2013：10.

站定位等技术，收集手机的位置信息，使机主的个人隐私遭到侵犯。

如今类似的事情时有发生，引发学界和业界的共同关注。隐私权的最早提出要追溯到1890年，美国学者沃伦和布兰代斯（Warren and Brandeis）指出个人隐私权是一项独特的权利，应该受到保护，免遭他人对个人生活中想保守的秘密细节的无根据发布。[①] 随着时代和科技的发展，关于个人隐私的研究一直在向前推进。有学者认为，一般存在三种不同形式的隐私：躯体隐私，指人身体的隐私部位，不能暴露给一般外人；空间隐私，指与非亲密关系的人保持一定的距离；信息隐私，指与保护和控制个人有关的信息。[②]

个人隐私首先面临被泄露的问题。如今，互联网早已成为我们生活的一部分，我们时时刻刻都在网络上留下自己的足迹：百度、谷歌等搜索引擎记录我们的搜索痕迹；淘宝、京东、亚马逊等电商平台监测我们的购物行为；微博、微信等社交媒体能获知我们的社交关系、个人爱好等；手机地图、移动支付则能轻松获知我们的地理位置信息。我们无时无刻不处在一个被“监视”的环境之中。互联网带来的网络社会，使得公共领域与私人空间的界限越来越模糊，我们甚至察觉不到自己的哪些隐私信息被他人获取，比如谷歌推出的谷歌眼镜直接被冠以“隐私杀手”的称号，这是因为它不仅能够随时接入移动互联网，而且配备了摄像头，可以在你毫不知情的情况下录像并上传到互联网上。

其次，个人隐私还存在被商业利用的问题。企业获取大量的个人数据后，利用数据分析挖掘出巨大的商业价值，从而获得利益。同时，网络平台获取个人数据后，存在被窃取、无授权访问甚至售卖给第三方平台的可

---

① 刘雅辉，等．大数据时代的个人隐私保护［J］．计算机研究与发展，2015（1）：229－247.

② 邱仁宗．大数据技术的伦理问题［J］．科学与社会，2014（1）：36－48.

能。例如，2015年8月，在线票务销售平台大麦网600余万用户账户密码泄露并被公开售卖；10月，乌云漏洞报告平台披露“网易163/126邮箱过亿数据泄露”；同样是在10月，支付宝被曝存在幽灵账户，在网上引起很大反响，对于该事件，支付宝回应称系因账户持有人的身份证等个人隐私信息泄露，导致“被关联”认证；11月末至12月初，厦门市公安局破获5起侵犯公民个人信息案，1 200多万条公民个人信息遭不法分子泄露……

腾讯发布的《2015年度互联网安全报告》显示，2015年用户举报的垃圾短信多达6.5亿条，其中广告类占比高达83.38%；用户举报的骚扰电话更多，达到了10.8亿。该报告显示，在WiFi成为用户刚需后，通过连接WiFi被骚扰的用户逐渐增多，2015年第三季度，用户每天超过2亿次WiFi连接中有70万人连接了风险WiFi，暴露了个人信息。①

大部分消费者对个人隐私的关注度不够，隐私观念淡薄。有学者曾对我国网民的隐私顾虑进行调查，发现大部分受访者没有对自己的隐私采取保护措施，主动采取保护个人隐私措施的受访者只占16.5%。在调查中还发现，虽然人们认为隐私泄露后采取补救措施很重要，但不少人选择默默忍受，占比34.6%。②

二、大数据营销个人隐私问题的治理措施

1. 个人隐私的技术保护

技术是把双刃剑，既侵犯了个人隐私，同时也为个人隐私保护提供了

① 腾讯安全.2015年度互联网安全报告[EB/OL].(2016-01-20)[2016-12-01].http://guanjia.qq.com/news/n1/201601/20_224.html.

② 王忠，赵惠.大数据时代个人数据的隐私顾虑研究——基于调研数据的分析[J].情报理论与实践，2014(11)：26-29.

技术支持，使构建一个从个人数据收集、存储到使用过程的多层保护体系成为可能。

（1）个人隐私的数据加密保护。数据加密技术的发展时间较长，进入大数据时代后，这项技术仍不失为保护敏感信息的有效方法，能够起到防止窃取或修改数据的作用。按照密钥的算法，数据加密可分为对称密钥算法和非对称密钥算法。对称密钥算法即加密和解密使用相同的密钥的算法，主要用于保证数据的机密性；非对称密钥算法的加密和解密使用不同的密钥，主要用于身份认证等信息交换领域。

在大数据时代，作为隐私保护关键技术的数据加密，其研究重点是对已有算法的完善。然而，数据加密并不能防止隐私数据从内部流向外部，仍需结合其他保护技术来解决隐私保护问题。

（2）个人隐私的数据库保护。在大数据时代，数据库是信息主体，存储了各种信息，如网上银行信息、邮件信息、社交媒体的注册信息、病人医疗信息等。网络平台在获取用户信息后建立起数据库，个人隐私信息面临被出售的风险，数据库本身面临被入侵、窃取等风险。

对数据库的保护措施主要包括数据库加密和访问控制。数据库加密技术能使敏感信息以密文形式保存在数据库中，访问控制则是保护合法用户对数据库进行授权的操作。在大数据时代，数据库加密确保个人隐私信息免遭入侵和窃取，访问控制则保护数据免受内部人员的非法操作，从而保护个人隐私信息。

2. 个人隐私观念的提升

在大数据时代，网络公共空间与公民私人领域之间的界限越来越模糊，社交媒体、购物网站、移动支付等在日常生活中的使用，使得我们可能将自己的隐私泄露出去而不自知。因此，培养公民的个人隐私观念很有必要。

首先，网络媒体应向用户提供控制自己隐私信息的选择，即用户可以给自己的访问数据、发布信息设置访问权限。比如 Facebook 有五种权限设置：私人、指定人、仅朋友、朋友的朋友、每个人，其默认设置是每个人；再比如新浪微博的分组可见、仅自己可见，让用户能够根据自己的发布内容设置访问权限。这样做的意义还在于，企业可以根据用户的权限设置来分析其相关数据的隐私程度，从而更好地保护个人隐私。

其次，加强隐私观念教育。上述方法强调从企业做起，让用户在使用网络媒体的过程中培养隐私观念，学校、政府则可以主动对公众进行隐私观念的教育，让公众树立正确的隐私观念，科学地分享个人数据，使公民既能享受到大数据的便利，又能很好地保护个人隐私。

3. 个人隐私的法律保护

应当指出的是，不管是技术手段还是个人隐私观念的增强，对于保护大数据时代的个人隐私还远远不够，法律法规仍是必不可少的手段。

欧美国家对于个人隐私问题的立法较为成熟。美国在 1974 年颁布了《联邦隐私权法》，1986 年颁布了《电子通信隐私法》，1998 年出台了关于未成年人的《儿童网上隐私保护法》，以及《个人隐私权与国家信息基础设施》白皮书，用以规范个人隐私保护。在欧洲，欧盟于 1997 年通过了《电信事业个人数据处理及隐私保护指令》，随后又出台了《信息公路上个人数据收集、处理过程中个人权利保护指南》等法令。可见欧美国家都非常重视个人隐私问题，希望通过立法来打击侵权行为。

我国在 2013 年出台《信息安全技术、公共及商用服务信息系统个人信息保护指南》，对大数据时代如何合理利用信息作出规定，以规范对个人数据的应用。2014 年 3 月颁布《中国互联网定向广告用户信息保护行业框架标准》，这是我国第一部规范互联网定向广告用户信息行为的行业标准，一方面推动各单位加强自身建设，另一方面实现用户对自身信息的控制权。但是相关的法律仍然相对薄弱，需要在以下两个方面继续完善：

（1）加大惩罚力度。当违反法律的成本低于可能获得的利益时，违法行为就会层出不穷。正是由于我国相关法律的缺失，对于侵犯公民个人隐私的行为惩处力度不够，才导致侵权行为变本加厉。重罚之下，侵犯隐私的违法成本高了，企业或个人才会收敛不法行为。

（2）划分隐私内容。由于大数据时代的信息浩如烟海，人们可能泄露各种各样的隐私信息，从姓名、性别、地域、职业等人口统计信息，到购物偏好、社交关系等数据，涉及方方面面的隐私内容。只有对个人隐私内容加以具体划分，并针对不同内容立法，才能有效地防范侵权行为。

第3节　大数据营销的伦理问题

任何数据都只是事物的一种度量，人应当成为这种度量工具的主人，而不是被工具奴役。在大数据刚刚兴起之时，国内外学者就意识到大数据可能带来的伦理问题，并提出防范和规制的建议。

一、对大数据技术的伦理思考

美国学者戴维斯和帕特森（Kord Davis and Doug Patterson）在《大数据伦理学》一书中提出，大数据是一种技术创新，任何技术创新在给人们带来机遇的同时，也会带来巨大的风险，因此我们需要在创新和风险之间找到平衡点，并对大数据技术进行必要的伦理规制。[①]

《大数据时代》的作者舍恩伯格曾提出大数据技术可能带来的风险，并建议实行责任与自由并举的信息管理。他认为，随着世界迈向大数据时代，社会也将产生剧烈的变革。“在大数据时代，对原有规范的修修补补已经满足不了需要。想要保护个人隐私，就需要个人数据处理器对其政策和行为承担更多的责任。”[②] 为此，他认为必须重新定义公正的概念，并提出从个人许可到让数据使用者承担责任的隐私保护模式，反对个别组织对数据的垄断，希望通过这些举措来防范大数据带来的伦理危机。

国内学者邱仁宗也对兴起的大数据技术及其可能产生的伦理问题给予了关注。他认为大数据技术将带来数据身份认证、隐私保护、数据访问、数字鸿沟等各种技术伦理问题，并提出了治理原则。他认为对大数据技术的管理应该是多层次的，从科研机构到公共机构、再到政府部门进行协同管理。[③]

二、大数据营销的伦理治理

与管理不同，治理是一个上下互动的管理过程，其主体既包括政府也包括其他社会组织和公众，主要通过主体之间的合作、协商等手段，就具体的事件或问题达成共识，正如俞可平所说，“治理的实质在于建立在市场原则、公共利益和认同之上的合作”[④]。因此，伦理治理不能单纯依赖权力或市场，而需要多方面的协调和行动。

---

① K Davis，D Patterson. Ethics of Big Data [M] . O'Reilly Media，Inc. ，2012.

② 维克托・迈尔-舍恩伯格，肯尼思・库克耶．大数据时代 [M] ．杭州：浙江人民出版社，2013：219.

③ 邱仁宗．大数据技术的伦理问题 [J]．科学与社会，2014 (1)：36 - 48.

④ 俞可平．治理和善治：一种新的政治分析框架 [J] ．南京社会科学，2001 (9)：40 - 44.

1. 责任伦理视角下的权责统一

随着科学技术的发展，人类逐渐摆脱了原始状态下面对大自然的无助和恐惧。然而，逐渐强大起来的人类对自己的行为所造成的后果负责的意识仍然需要不断强化。

马克斯·韦伯（Max Weber）在其著作《学术与政治》中对责任伦理的解释为："强调行为主体必须考虑到自身行为所带来的一系列可能性后果，并主张对行为价值的判断评估依赖于该行为所导致的实际效果。"① 哲学家汉斯·林克（Hans Link）曾指出，在任何情况下，任何技术力量的强大都会导致某种系统的反弹，究其原因，就是我们在利用技术时没有承担相应的责任。② 大数据技术为营销所用，是技术发展的趋势，但是频发的伦理问题凸显企业开展大数据营销时权利与责任的失衡。信息安全问题、个人隐私问题，都是在营销中只考虑如何利用大数据获利，而忽视了应该承担的责任所致。因此，企业在利用大数据技术进行营销时，必须坚持权利与责任的统一，信息收集方要对搜索行为以及可能造成的后果负责，信息利用方也要对可能带来的隐私泄露、信息安全等问题负责。

2. 德性伦理视角下的道德自律

德性伦理关注的是个体道德的实现问题，在利用大数据技术进行营销的过程中，强调大数据利益相关者的道德自律。"品德是一个人在长期的、一系列行为中所表现出来的习惯的、稳定的心理状态。"③ 毫无疑问，良好

---

① 马克斯·韦伯．学术与政治［M］．钱永祥等，译．桂林：广西师范大学出版社，2004：260.

② Hans Lenk. Progress，Value and Responsibility［J］．PHIL&TECH，1997（2）：102－120.

③ 王海明．伦理学原理［M］．北京：北京大学出版社，2009：373.

道德的形成是一个长期的过程，然而与新兴的大数据营销相关的道德准则尚未确立，道德规范相对滞后。因此，应当加强大数据利益相关者的道德自律建设，在大数据技术尚未失控时，通过有意识的道德建设形成稳定、完善的道德规约。一旦缺乏规范的恶意使用成为常态，大数据营销带来的伦理问题就会一发不可收拾，到时再建立道德规范将会难上加难。

3. 功利伦理视角下的利益诉求

美国学者唐纳德·帕尔玛（Donald Palmer）曾指出功利伦理的核心原则："我们选择的行为应该为大多数人谋求最大限度的幸福。"[①] 对大数据技术的应用也必须如此，目的应该是提高生产力、提高人们的生活质量。利用大数据进行的营销活动，应根据不伤害人和有益于人的伦理原则给予评价。大数据带来的伦理问题，很大程度上是在利用过程中没有从多数人的角度考虑造成的。部分群体为了利益无视他人隐私，导致其他群体的利益最小化甚至受损。为避免这一后果，就应该做到相关者利益最大化和危害最小化。首先，大数据营销必须实现大数据相关者的利益最大化。在运用大数据时，必须与数据来源共享利益，如给予相应的经济报酬或政策倾斜。其次，大数据营销必须实现对利益相关者的伤害最小化。出于公共目的收集数据，对隐私造成侵犯的行为不可避免，在这种情况下，要求实现伤害最小化，即不能无视伤害大小而滥用隐私数据，应做好补偿和风险控制。

大数据伦理问题的解决单靠某一种方式难以实现，应当在政府的引导下，以伦理为治理原则，以技术为治理手段，以法律为治理保障，构建起

---

① 唐纳德·帕尔玛：伦理学导论［M］．黄少婷，译．上海：上海社会科学院出版社，2011：15.

完善的治理体系。

案例 8—1 塔吉特与怀孕少女

美国折扣零售商塔吉特公司使用大数据的相关分析已经有多年。《纽约时报》的记者查尔斯·杜西格（Charles Duhigg）就在一份报道中描述了塔吉特公司怎样在完全不和准妈妈对话的前提下预测一个女性在什么时候怀孕。也就是收集一个人的所有可以收集到的数据，然后通过相关分析推断事情的真实状况。

对于零售商来说，知道一个顾客是否怀孕是非常重要的。因为这是一对夫妻改变消费观念的开始，也是一对夫妻生活的分水岭。他们会开始光顾以前不会去的商店，逐渐对新的品牌建立忠诚。塔吉特公司的市场专员向分析部求助，看有什么办法能通过一个人的购物方式发现她是否怀孕。

公司的分析团队首先查看了在婴儿礼物登记簿上签字的女性的消费记录。塔吉特公司注意到，登记簿上的妇女在怀孕大概第三个月的时候会买很多无香味护手霜。几个月之后，她们会买一些营养品，比如镁、钙、锌。公司最终找出了大概 20 多种关联物，这些关联物可以帮助公司给顾客进行“怀孕趋势”评分。这些相关关系甚至使得零售商能够比较准确地预测预产期，这样就能够在每个阶段给客户寄送相应的优惠券，这才是塔吉特公司的目的。

然而，这样的预测却侵犯了消费者的隐私。一天，一名男子冲进一家位于明尼阿波利斯市郊的塔吉特商店，要求经理出来见他。他气愤地说：“我女儿还是高中生，你们却给她邮寄婴儿服和婴儿床的优惠券，你们是在鼓励她怀孕吗?”毫无疑问，怀孕是人们的隐私，塔吉特公司的做法虽然能够将优惠信息准确传递给目标受众，却是在没有得到消费者允许的情况下，利用隐私信息来获得利益，严重侵犯了消费者的隐私。

在网络购物平台上，我们所有的浏览和购买历史都会被记录，所面临的隐私泄露问题要比塔吉特公司预测顾客怀孕更加严重。大数据技术可能带来的伦理问题，值得我们关注和思考。

讨论题

1. 塔吉特公司通过数据预测顾客怀孕并发送商品信息，哪些方面值得营销者借鉴？

2. 企业在利用大数据技术进行营销时，哪些数据属于用户的隐私信息，应当尽量避免滥用？

3. 除了隐私泄露，大数据技术还可能带来哪些伦理问题？

案例8—2 快递单公开贩卖，个人信息沦为商品

网络购物成为消费者的生活常态，每天我们都在无数的快递单上留下电话、住址等信息。然而就是这样普通的快递单，都存在被非法获取信息的可能。

从2013年开始，每年都有媒体爆料称快递公司的快递单数据被贩卖。快递单号公开叫卖，行内价格每条1元，量大每条8角；若是量极大则有更大优惠，每条3角。

淘单网站声称，它们还可以提供手工填写信息的底单照片。根据买单人提供的信息形成底单照片，然后网上传递，每张2～3元，免运费。贩卖者从每张底单照片获得的利润高达9倍。图8—1为快递单数据贩卖QQ群

截图。

图 8—1 快递单数据贩卖 QQ 群截图

据 21 世纪网了解，在网上公开叫卖快递单号的卖家的信息大都来源于各快递公司的快递人员，有时甚至就是快递人员本人在贩卖信息。据悉，每个快递人员每个月经手的快递单有几万张，保守估计，如果这些快递人员从事快递单号信息贩卖，一个月可能有几千元甚至上万元的“额外收入”。

购买信息的下家很大一部分是淘宝的商家，为了拿来刷钻①、提高网站信誉度，从而吸引更多的消费者来购物。一个看上去信誉很高的网店老板表示，虽然小店生意不错，但也会经常在网上购买快递信息来进行刷钻，若能保持高人气，每个月至少多赚 5 000 元，而因为经常购买信息，他与卖家达成了协议，能以最低价购买。

通常卖家会将一个空件寄往某个地址，随意填写上收件人。卖家会事

---

① 刷钻是指淘宝卖家为了提升信用等级而采取的措施，有些卖家是正当降价促销，更多的卖家则是通过伪造销量来达到目的。

先跟寄出地的快递人员协商，由他们和目的地快递公司联系，随便找个人签收，快递的整个流程就完成了。这样一来，卖家既获得了真实的快递单号，可用来积累销售记录，快递公司又赚了钱，快递人员也有了派送费。在利益的驱使下，我们的个人数据都被当作商品来售卖。

讨论题

1. 在这个案例中，哪些行为有悖营销伦理？

2. 对于快递单数据被贩卖的问题，你有哪些治理的建议？

3. 在大数据时代，作为消费者，我们可以做些什么来防止自己的隐私信息被泄露？

图书在版编目(CIP)数据

大数据营销 / 阳翼著 . —北京:中国人民大学出版社,2017. 1
ISBN 978-7-300-24016-9

Ⅰ. ①大… Ⅱ. ①阳… Ⅲ. ①网络营销 Ⅳ. ①F713. 36

中国版本图书馆 CIP 数据核字(2017)第 012415 号

大数据营销

阳 翼 著

Dashuju Yingxiao

出版发行	中国人民大学出版社		
社　　址	北京中关村大街 31 号	**邮政编码**	100080
电　　话	010－62511242(总编室)		010－62511770(质管部)
	010－82501766(邮购部)		010－62514148(门市部)
	010－62515195(发行公司)		010－62515275(盗版举报)
网　　址	http://www. crup. com. cn		
	http://www. ttrnet. com(人大教研网)		
经　　销	新华书店		
印　　刷	北京中印联印务有限公司		
规　　格	170 mm×230 mm　16 开本	**版　　次**	2017 年 1 月第 1 版
印　　张	14 插页 1	**印　　次**	2017 年 1 月第 1 次印刷
字　　数	163 000	**定　　价**	42. 00 元

教师教学服务说明

中国人民大学出版社工商管理分社以出版经典、高品质的工商管理、财务会计、统计、市场营销、人力资源管理、运营管理、物流管理、旅游管理等领域的各层次教材为宗旨。

为了更好地为一线教师服务，近年来工商管理分社着力建设了一批数字化、立体化的网络教学资源。教师可以通过以下方式获得免费下载教学资源的权限：

在“人大经管图书在线”（www. rdjg. com. cn）注册，下载“教师服务登记表”，或直接填写下面的“教师服务登记表”，加盖院系公章，然后邮寄或传真给我们。我们收到表格后将在一个工作日内为您开通相关资源的下载权限。

如您需要帮助，请随时与我们联络：

中国人民大学出版社工商管理分社

联系电话：010－62515735，62515749，62515987

传　　真：010－62515732，62514775　　　　电子邮箱：rdcbsjg@crup. com. cn

通讯地址：北京市海淀区中关村大街甲59号文化大厦1501室（100872）

教师服务登记表

<table>
<tr><td>姓 名</td><td></td><td>□先生　□女士</td><td>职　　称</td><td colspan="2"></td></tr>
<tr><td>座机/手机</td><td colspan="2"></td><td>电子邮箱</td><td colspan="2"></td></tr>
<tr><td>通讯地址</td><td colspan="2"></td><td>邮　　编</td><td colspan="2"></td></tr>
<tr><td>任教学校</td><td colspan="2"></td><td>所在院系</td><td colspan="2"></td></tr>
<tr><td rowspan="3">所授课程</td><td>课程名称</td><td>现用教材名称</td><td>出版社</td><td>对象（本科生/研究生/MBA/其他）</td><td>学生人数</td></tr>
<tr><td></td><td></td><td></td><td></td><td></td></tr>
<tr><td></td><td></td><td></td><td></td><td></td></tr>
<tr><td colspan="2">需要哪本教材的配套资源</td><td colspan="4"></td></tr>
<tr><td colspan="2">人大经管图书在线用户名</td><td colspan="4"></td></tr>
<tr><td colspan="6">院/系领导（签字）：
院/系办公室盖章</td></tr>
</table>